工业信息化技术丛书

离散车间排序依赖作业切换的成组调度研究

宋海草 刘 盼 | 著

电子工业出版社

Publishing House of Electronics Industry

北京·BEIJING

内 容 简 介

离散车间生产调度是提高运营效率、降低成本，乃至取得竞争优势的重要手段和有力工具。随着离散车间生产调度问题的深入研究，新问题、新模型和新方法不断涌现。本书共 7 章：第 1 章为绪论；第 2 章为 Job-shop 最优作业切换的成组调度模型与关键技术；第 3 章为基于加工资源相似度的聚类成组研究；第 4 章为基于 EDD-SDST-ACO 启发规则的最优作业切换单机成组调度研究；第 5 章为基于 GATS 混合算法的最优作业切换不相关并行机成组调度研究；第 6 章为基于 QCSO 混合算法的最优作业切换柔性 Job-shop 调度研究；第 7 章为总结与展望。

本书可作为高等院校工业工程类专业本科生和工程硕士的辅助教材，也可供相关企业的工业工程师和生产管理人员阅读参考。

未经许可，不得以任何方式复制或抄袭本书之部分或全部内容。
版权所有，侵权必究。

图书在版编目（CIP）数据

离散车间排序依赖作业切换的成组调度研究 / 宋海草，刘盼著. —北京：电子工业出版社，2020.11
（工业信息化技术丛书）
ISBN 978-7-121-38654-1

Ⅰ. ①离… Ⅱ. ①宋… ②刘… Ⅲ. ①制造工业—车间调度—研究 Ⅳ. ①F407.406.6

中国版本图书馆 CIP 数据核字（2020）第 037252 号

责任编辑：刘志红　　　特约编辑：李　姣
印　　刷：天津千鹤文化传播有限公司
装　　订：天津千鹤文化传播有限公司
出版发行：电子工业出版社
　　　　　北京市海淀区万寿路 173 信箱　邮编　100036
开　　本：720×1 000　1/16　印张：14.5　字数：278.4 千字
版　　次：2020 年 11 月第 1 版
印　　次：2020 年 11 月第 1 次印刷
定　　价：108.00 元

凡所购买电子工业出版社图书有缺损问题，请向购买书店调换。若书店售缺，请与本社发行部联系，联系及邮购电话：(010) 88254888，88258888。
质量投诉请发邮件至 zlts@phei.com.cn，盗版侵权举报请发邮件至 dbqq@phei.com.cn。
本书咨询联系方式：(010) 88254479，lzhmails@phei.com.cn。

前言

制造业是我国经济的主体，是立国之本、兴国之器和强国之基。为了满足客户的个性化需求，以及提高应对市场的柔性，顾客到制造（Customer to Manufacture，C2M）的生产模式成为制造企业发展的方向，该生产模式下的产品所具备的多品种、小批量特征更加明显，导致加工过程出现频繁的作业切换活动，需要作业切换时间（Setup Time），降低了设备等资源利用率和生产效率。经典的调度理论主要考虑作业排队等待时间，较少考虑作业切换时间，导致C2M生产模式存在较大的时间浪费问题。

根据离散制造企业调研分析发现，C2M生产模式下某些工序的作业切换时间甚至高于加工时间十几倍，明显降低了设备等资源的利用率，影响了产品的生产周期。不同的车间调度方案需要不同的作业切换时间，这加大了生产计划制定和执行控制的难度。因此，本书基于成组技术研究了离散车间排序依赖作业切换生产调度方案，对离散制造车间调度管理具有重要的科学研究价值和工程实践意义。

本书研究的主要内容及成果包括以下五个方面。

（1）分析了离散车间生产调度和作业切换现状，以及作业切换时间的影响因素。基于此，提出了基于成组技术的离散车间排序依赖作业切换调度问题，并建立了总体模型。

（2）研究了基于加工资源相似度的零件聚类成组方法。数控车间加工资源主要包括机器、工装、装夹方式、加工精度、数控程序和员工知识水平等。首先对加工零件所需资源进行分类，对不同类别资源划分子类，采用 0-1 整数编码表示加工是否需要该项资源。根据加工资源对作业切换时间长短的不同影响，确定核心加工资源和一般加工资源的权重。采用 Jaccard 系数计算零件间"相似度"，应用成组遗传算法确定零件的分类成组，并通过案例研究验证了书中提出方法的可行性和有效性。

（3）研究了基于成组技术的最优作业切换的单机成组调度问题。以最小化总拖延时间为优化目标，通过排序依赖作业切换时间的调度方案来缩短作业切换时间。首先，根据工件所需加工资源相似性进行聚类成组，其次，采用 EDD-SDST-ACO 启发式规则，并用田口设计方法的信噪比（SNR）进行算法参数优化，通过仿真分析分别对比了本书提出的优化规则与蚁群算法（ACO）和遗传算法（GA）求解优化目标的最大值、最小值和平均值，以及搜索最优解的次数。运行结果验证了 EDD-SDST-ACO 启发式规则的有效性和可行性，并通过实例对比了企业目前采用的调度方案。结果证实：书中提出的调度方案使总完工时间缩短了 22.9%，总拖延时间缩短了 99%，设备利用率提高了 21.87%。

（4）研究了基于成组技术的最优作业切换的不相关并行机成组调度问题。以最小化总拖延时间为优化目标，通过排序依赖作业切换时间的调度方案来缩短作业切换时间。由于每台机器上的加工速度因子不同，首先研究了所有工件组在各机器上的分配，其次研究了同一台机器上各工件组的优化顺序，工件组不同的加工排序产生了不同的作业切换时间和总拖延时间，同组内工件间的作业切换时间视为 0。建立了该问题的数学规划模型，应用遗传禁忌搜索（GATS）算法进行目标优化。采用田口设计方法的信噪比（SNR）对 GATS 算法参数进行优化，针对不同规模问题进行仿真分析，分别对比了人工蜂群

（ABC）算法和遗传模拟退火（GASA）算法运行结果，验证结果证明了 GATS 算法的有效性和可行性。

（5）研究了基于成组技术的最优作业切换的柔性 Job-shop 调度问题，以最小化总完工时间为优化目标，考虑排序依赖作业切换时间、加工时间和机器负荷等因素的约束，首先根据机器负荷和加工时间选择加工机器，其次根据作业切换时间和加工时间进行机器上加工任务排序。提出了改进的 QCSO 算法进行问题求解，将量子比特与猫群算法结合起来，引入了量子编码，通过量子旋转角的更新完成猫群位置迭代更新，根据算法迭代次数的变化选择动态 MR 值，扩大了解的空间，提高了算法的运行效率和速度。通过仿真实验对比了改进的 QCSO 算法和 PGA 算法运行结果，验证结果证明：改进的 QCSO 算法具有较好的寻优结果，算法的稳健性较好。实例研究结果显示：书中提出的调度方案比企业目前采用的调度方案的最大完工时间缩短了 34.18%，设备利用率提高了 31.55%。

本书第 1 章、第 2 章、第 3 章、第 4 章和第 5 章由宋海草撰写，第 6 章和第 7 章由刘盼撰写。在撰写过程中得到重庆大学易树平教授悉心指导，同时收到了温沛涵副教授、段鹰副教授、高庆萱副教授、陈友玲教授、陈晓慧教授、杨育教授、尹超教授、李玉林副教授、刘觅等老师和同门给出的中肯的建议和意见。也感谢贵州航天设备制造有限公司、贵州航天天马机电科技有限责任公司及重庆齿轮厂的同事对本书撰写的大力支持和帮助。

再次感谢大家的帮助，由于作者水平有限，本书还存在不足和需改进的方面，敬请大家批评指正，以便完善。

作　者

2020 年 6 月

目录

1 绪论 / 1
   1.1 研究背景 / 3
   1.2 国内外相关研究现状 / 8
      1.2.1 作业切换 / 8
      1.2.2 成组技术 / 13
      1.2.3 Job-shop 调度 / 16
      1.2.4 成组调度研究现状 / 22
   1.3 研究目的、意义 / 27
   1.4 研究内容、方法、技术路线 / 29
      1.4.1 研究内容 / 29
      1.4.2 研究方法 / 31
      1.4.3 技术路线 / 32
   1.5 本书的创新之处 / 34
   1.6 本章小结 / 36

2 Job-shop 最优作业切换的成组调度模型与关键技术 / 37
   2.1 引言 / 39
   2.2 Job-shop 最优作业切换问题 / 41
      2.2.1 Job-shop 调度 / 41

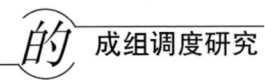

2.2.2　Job-shop 作业切换 / 43
2.2.3　Job-shop 作业切换影响因素分析 / 49
2.2.4　最优作业切换问题的提出 / 52

2.3　基于成组技术的最优作业切换的 Job-shop 调度模型 / 55
2.3.1　面向 Job-shop 最优作业切换成组调度 / 55
2.3.2　基于成组技术的最优作业切换的 Job-shop 调度模型 / 57

2.4　面向最优作业切换的 Job-shop 成组调度关键技术 / 59
2.4.1　零件聚类成组 / 59
2.4.2　基于成组技术的最优作业切换单机调度问题 / 60
2.4.3　基于成组技术的最优作业切换不相关并行机调度问题 / 62
2.4.4　基于成组技术的最优作业切换柔性 Job-shop 调度问题 / 63

2.5　本章小结 / 65

3　基于加工资源相似度的聚类成组研究 / 67

3.1　引言 / 69

3.2　加工资源特征 / 73

3.3　加工资源相似性度量 / 75
3.3.1　建立编码矩阵 / 75
3.3.2　加工资源的加权相似性度量 / 76

3.4　基于加工资源相似的零件聚类成组遗传算法 / 78
3.4.1　聚类效果评价 / 79
3.4.2　目标函数 / 80
3.4.3　分组编码 / 82
3.4.4　种群初始化 / 82
3.4.5　适应度函数 / 83

目 录

  3.4.6 选择操作 / 83

  3.4.7 交叉操作 / 83

  3.4.8 变异操作 / 84

 3.5 实例验证 / 86

  3.5.1 数据生成 / 86

  3.5.2 计算结果 / 88

 3.6 本章小结 / 91

4 基于 EDD-SDST-ACO 启发规则的最优作业切换单机成组调度研究 / 93

 4.1 引言 / 95

 4.2 问题描述 / 97

 4.3 模型构建 / 99

 4.4 EDD-SDST-ACO 启发式规则 / 101

  4.4.1 蚁群算法 / 102

  4.4.2 工件组排序 / 104

  4.4.3 工件组内排序 / 105

  4.4.4 信息素更新策略 / 106

  4.4.5 EDD-SDST-ACO 算法流程 / 108

 4.5 EDD-SDST-ACO 启发式规则有效性验证 / 111

  4.5.1 数据生成 / 111

  4.5.2 参数设置 / 111

  4.5.3 计算结果 / 118

 4.6 实证研究 / 120

 4.7 本章小结 / 122

5 基于 GATS 混合算法的最优作业切换不相关并行机成组调度研究 / 125

5.1 引言 / 127
5.2 问题描述 / 132
5.3 模型构建 / 133
5.4 算法设计 / 136
5.4.1 种群初始化 / 137
5.4.2 适应度函数 / 138
5.4.3 获得初始解 / 139
5.4.4 邻域生成方法 / 142
5.4.5 交叉操作 / 144
5.4.6 变异操作 / 144
5.4.7 遗传禁忌搜索算法流程 / 145
5.5 算法有效性验证 / 149
5.5.1 数据生成 / 149
5.5.2 算法参数设置 / 150
5.5.3 计算结果 / 156
5.6 本章小结 / 159

6 基于 QCSO 混合算法的最优作业切换柔性 Job-shop 调度研究 / 161

6.1 引言 / 163
6.2 问题描述 / 168
6.3 模型构建 / 170
6.4 算法设计 / 173

  6.4.1　编码机制 / **176**

  6.4.2　解码机制 / **177**

  6.4.3　搜索模式 / **179**

  6.4.4　跟踪模式 / **180**

  6.4.5　量子旋转角更新 / **181**

  6.4.6　适应度函数 / **183**

  6.4.7　量子猫群优化算法流程 / **183**

6.5　算法有效性验证 / **185**

  6.5.1　数据生成 / **185**

  6.5.2　计算结果 / **189**

6.6　实证研究 / **198**

6.7　本章小结 / **202**

7　总结与展望 / **205**

7.1　本书总结 / **207**

7.2　研究展望 / **210**

参考文献 / **213**

1 绪 论

绪论 1

1.1 研究背景

随着全球经济的快速发展，制造业的生产模式发生了改变。最初是以产品为导向的大批量生产模式，企业获得规模经济效益；但随着顾客的个性化需求发展，出现了以顾客为导向的多品种、小批量生产模式。随着互联网经济的快速发展，"互联网+"成为制造业的未来。顾客到制造（Customer to Manufacture，C2M）的生产模式就是在工业互联网背景下产生的，它的提出源于德国工业4.0的概念，指现代工业的自动化、智能化、网络化、定制化和节能化。其目标是通过互联网把不同的生产线连接在一起，运用计算机系统随时交换数据。其特点是一对一的订单生产，按需生产出个性化定制产品，既消除了库存，也消除了产品从工厂到顾客的中间环节成本，大幅降低了企业经营成本，提高了资金周转率，从而降低了产品价格，使顾客和企业互惠互利。C2M生产模式成为制造业发展的一种趋势。2015年7月，全球首个C2M电子商务平台上线，订单销量从最初的每月4 000单发展到每月50万单，说明了发展速度之快。C2M生产模式是典型的多品种、小批量生产，对制造业产生了重要的影响，主要表现在以下几个方面。

（1）传统的大批量生产模式与客户的个性化需求发生矛盾，企业的规模经济效益受到市场的冲击，传统的大批量生产模式难以适应市场要求。

（2）客户的产品需求呈现多样化、多变性和单件小批量的特点。客户对产品的需求波动很大，企业需要根据市场动态调整生产计划来满足客户的个性化需求。

（3）产品的生命周期明显缩短，同类产品多样性变化快，为了满足快速变化的市场需求，企业需要根据客户需求快速更新产品的种类。

（4）经济发展由"粗放型"转向"集约型"，企业需要对资源做到精准调配，尽量压缩生产成本，才能提高企业的利润和市场竞争力。

（5）为了更好地响应客户的个性化定制需求，企业的制造系统 MES 与 ERP 系统必须实时互动。

综上所述，多品种、小批量的生产特点导致了生产过程中存在频繁的作业切换，以及需要作业切换时间，降低了设备利用率和生产效率。例如，在机械制造行业，目前多品种、小批量的生产制造企业的机械加工时间大约占生产周期的 54%，而更换工件、更换夹具等作业切换活动的时间则占生产周期的 40%，明显降低了机器利用率和生产效率。德国某研究所调查了 6 个不同行业的企业实际生产情况，调研数据显示：产品实际加工时间仅占生产周期的 15%，而产品的等待、切换、排队和搬运的时间占生产周期的 85%。在 C2M 生产模式下，该问题更加凸显。通过对某航空紧固件企业的调研发现，有些工序的作业切换时间甚至是加工时间的十几倍，如在冷镦工序中，工件的加工时间非常短，单件工件的加工时间一般只有 0.016 秒，但是作业切换时间长达 3 到 4 个小时，花费时间较多的是安装原料输送固定装置，以调节刀与下模距离为例，就需要将原料输送线、粗冲线和精冲线三条线调节为一条线。

很多企业在制订生产计划时，要么直接忽略了作业切换时间；要么将作业切换时间纳入加工时间，没有单独考虑作业切换时间；要么根据经验直接给出每个工序固定的作业切换时间，这都与实际生产情况不符。实际上，不同的作业排序产生的作业切换时间不同，但是由于多品种、小批量的产品特点，生产重复性极低，无法获得不同排序产生的作业切换时间，导致不能有效地缩短作业切换时间和提高设备利用率，给制订生产计划和生产调度带来了困扰。

目前常用的调度规则主要有：先到先服务（First Come First Served, FCFS）准则、最短加工时间（Shortest Process Time, SPT）优先准则、最早工期（Earliest Due Date, EDD）优先准则和最长加工时间（Longest Processing Time, LPT）准则。这些调度规则都没有考虑缩短作业切换时间的问题，不能解决多品种、小批量生产模式产生的频繁作业切换问题。

通过对几家多品种、小批量生产企业进行调研，以某航空紧固件企业为例，该企业 2014 年加工的产品种类有近 8 000 种，并且每种产品还包含多个型号，可见该企业的多品种特征非常明显。由于在生产中存在频繁的作业切换过程，影响了设备利用率和产品交付率，导致该企业的产品交付率只有 40%。企业也考虑了频繁的作业切换时间带来的问题，根据经验给出了各个工序固定的作业切换时间数值，主要目的是为了平衡工人的加工工时，这对于缩短作业切换没有任何意义，目前该企业采用的调度方案主要有以下几种。

（1）制订生产计划时缺乏相关的作业切换时间数据。生产任务主要依据粗略的订单优先分级进行排序，对于实际生产过程因为加工任务差异性导致的不同作业排序产生不同的作业切换时间忽略不计。

（2）根据工序给出宽泛的作业切换数值用于生产工时计算，这也是导致企业作业切换时间延长的原因。

（3）车间调度员和操作工人主要遵循先到先加工的原则，没有考虑不同作业排序产生的作业切换时间问题，一方面导致了频繁的作业切换，极大地浪费了时间，另一方面使作业计划与实际生产进度脱节，影响了产品的生产周期。

（4）由于该企业产品的重复率很低，跨批量，定人定机生产，调度员为了平衡工人的生产效率，安排任务会采取小批量和大批量结合，加工特征简单的任务和加工特征复杂的任务相结合的调度方案。

上述调度方案不能有效地缩短作业切换时间，如何降低作业切换时间和提高机器利用率是离散型制造企业面临的关键问题之一，该问题已经成为制造系统研究的热点之一。近年来，很多学者考虑了作业切换时间的问题，主要有排序依赖作业切换单机、并行机调度研究，指的是不同作业排序产生不同的作业切换时间，这种情况比较符合实际生产情况。排序独立于作业切换时间的并行机调度研究，指的是工件切换时产生作业切换时间，该值固定且与作业排序无关，这种情况是实际生产情况的简化，便于问题求解。考虑作业切换时间的成组调度研究，其主要根据工件的结构、尺寸等外观特征进行成组，或者根据工件的工艺进行成组，对于外形结构相似度高但是加工特征有差异的产品来说，成组效果并不好。

综上所述，C2M 生产模式产生了频繁切换，如何缩短作业切换时间来提高设备等资源利用率和产品交付率，是车间优化调度需要解决的主要问题。

1.2 国内外相关研究现状

◎ 1.2.1 作业切换

作业现场,是指从一种作业任务完成切换到另一种作业任务开始,通常要做多种切换动作,使作业活动停下来,也被称为作业切换。在生产车间,作业切换是指一台机器上一种任务加工结束到下一种任务开始加工的准备活动,或者说使机器或生产线停止生产而从事的切换活动,主要包括更换刀具、工装夹具、安装调试等活动,其中,安装活动包括工件的安装、切削刀具的安装等,调试包括刀具的尺寸调整,刀具与工件的定位,切削速度和进给速度的调整,加工直径的找正等。由于工件的加工特征存在差异,如由于工件尺寸、加工精度、加工技术等不同,产生的作业切换时间不同。作业切换活动可以划分为内部作业切换、外部作业切换和机器的调试。内部作业切换是指必须把机器停下来才能进行的切换活动,如模具的拆卸与安装。外部作业切换是指在机器运转中可进行的准备作业活动,如原材料、刀具、模具和辅料等的准备活动。机器的调试活动是指模具安装完成到第一个合格品产出的作业活动。机器的调试时间一般约占整个作业切换时间的 50%~70%。减少调试时间对于缩短作业切换时间很重要。当车间加工接近满负荷运行时，加工顺序依赖作业切换时间的效果具有重要意义。因此，70%的生产管理应当考虑加工顺序依赖作业切换时间的生产调度。针对排序依赖作业切换时间的调度问题，通过对许多行业包括生产控制、电子行业、印刷电路板制造行业等进行调研，结果显示较多行业都存在作业切换时间，并且对生产调度有一定的影响。

在生产调度理论诞生的 60 多年时间里，针对生产调度的相关研究很多，然而调度数据显示在研究生产调度问题时，大部分人都忽视了作业切换时间。目前作业切换时间的相关研究主要包括排序依赖作业切换时间（Sequence-Dependent Setup Time，SDST）和排序独立于作业切换时间（Sequence-Independent Setup Time，SIDST）的研究。SDST 指工件在某台机器上的作业切换时间依赖该台机器上紧前紧后加工工件的顺序，该种情况比较符合实际生产情况。SIDST 指工件的作业切换时间是固定的，不依赖于作业排序，这与实际生产情况并不符合，但在实际调度中，SIDST 可以降低生产调度管理的复杂度。国内各大钢厂对作业切换时间的研究主要考虑了机器故障维修产生的作业切换时间，即主要在机器管理方面，通过全员机器管理和 RCM（Reliability Centered Maintenance）等方法，依靠机器运行的高精度来减少机器故障带来的作业切换时间，加快机器运行的速度等，但是对于加工资源的安排、操作人员的动作规范、生产过程中的动态作业调整等方面还涉及较少。吕冬梅等将作业切换活动分解为多个子项活动，各子项活动的时间比例见表 1.1。

表 1.1　作业切换项目的时间比例

序　号	作业切换项目	时间比例（%）
1	准备材料、工装夹具	20
2	工装夹具、模具及刀具的安装、拆卸	20
3	尺寸精度确定	10
4	试作、调试	50

通过研究排序独立于作业切换时间的单机调度问题，将作业切换时间表达为线性函数 $S_i=\delta_i(a_i+b_it)$ 或者 $S_i=\delta_ibt$。Koulamas Christos 等人认为作业切换时间具有学习效应，给出作业切换时间与加工时间的关系式 $S_{[j]}=\gamma^{(j-1)}\sum_{i=1}^{j-1}p[i]$，$j=2,\cdots,n$，$S_{[1]}=0$，$\gamma$ 为学习效应因子，$p[i]$ 为加工时间。Yang Suh-Jenq 等人提出工件组的实际作业切换时间与开始加工时间的线性关系 $s_i^A=\delta_it$，这考虑了退化效应，其中，δ_i 为工件组 G_i 作业切换退化系数。Yang Suh-Jenq 等人基于学习效应和退化效应研究了成组调度问题，给出了作业切换时间表达式 $s_i^A=S_ir_i^a$，S_i 为工件组 G_i 的标准作业切换时间。Yin Na 等人提出工件组 G_i 的实际作业切换时间为 $s_i^A=S_ir^{b_3}$，其中 S_i 是标准作业切换时间，$b_3\leqslant 0$ 是所有工件组作业切换时间的学习指数，u_i 是分配到工件组不可更新资源的数量，$0\leqslant u_i\leqslant \bar{u}_i<S_im^{b_3}/\beta_i$，$\bar{u}_i$ 为分配到工件组 G_i 的资源数量，β_i 是工件组 G_i 的正压缩率。Kwak Ik-Soon 等人提出排序依赖作业切换时间的单机调度的作业切换时间依赖于紧邻工件的大小，假设 λ_i 是工件 i 的大小尺寸，则从工件 i 切换到工件 j 的作业切换时间为 $s_{ij}=f(\lambda_i-\lambda_j)$，如果 $\lambda_i\geqslant\lambda_j$，则 $s_{ij}\leqslant s_{ji}$。

为了解决难以准确估算的作业切换时间给生产计划和调度带来影响的问题，通过采集生产数据和应用回归分析方法，设定了一套适合企业实际生产的标准零件拆卸时间。通过基于模特法的工时计算方法可以估算加工工序的作业切换时间。

上述主要基于学习效应和退化效应研究了作业切换时间的线性关系，或者基于加工时间研究了标准作业切换时间的线性关系。而实际生产中，单件、小批量生产模式下的工件加工，学习效应和退化效应并不明显，并且研究中给出的表达式含有指数等，增加了计算难度，不利于应用到实际生产中。

缩短作业切换时间的方法有很多种，如快速换模技术，以及在产品设计过程中同时考虑成组特征，设计通用型工装，开发快速装夹方式等。

（1）快速换模技术（Single Minute Exchange of Die，SMED），有些企业也称其为 QCD（Quick Die Change）。日本的新乡重夫先生（Shigeo Shingo）首创了 SMED，其主要操作法则包括双脚勿动和并行操作，要求在换模过程中多名员工并行操作，而且作业切换所用到的模具、道具和清洁工具等要按顺序整理好，放在专用的台车上。SMED 是一种尽可能减少模具的产品换模时间、生产启动时间或作业切换时间等过程的改进方法，可显著地缩短机器安装、设定换模所需的时间。该方法最初应用于丰田企业，使产品的作业切换时间从 4 小时缩短到 3 分钟。SMED 不需额外的库存即可满足客户要求，有利于缩短交货时间，即资金不需要压在额外库存上，减少调整过程中可能出现的错误，缩短切换的停车时间意味着有更高的生产效率。SMED 实质上是通过尽可能地将内作业切换时间转换为外作业切换时间的方式来缩短作业切换时间。

（2）基于成组技术缩短作业切换时间。成组技术最先应用于生产工艺方面。根据零件的加工方法、安装方式和机床调试的相近性划分零件,再设计出适合零件组加工的成组工序。成组工序可以采用同一台机器和工艺装置,或采用相同或相近的设备加工零件组的零件。如果根据零件组安排生产调度计划,就可以有效地减少更换零件品种所花费的设备调试时间。另外,根据零件组内零件的安装方式和尺寸相近性,设计出了应用于成组工序的公用夹具——成组夹具。只要进行少量的调整或更换某些元件,成组夹具就可以适用于零件组所有零件的工序安装。

综上所述,作业切换时间缩短的方法如图 1.1 所示。

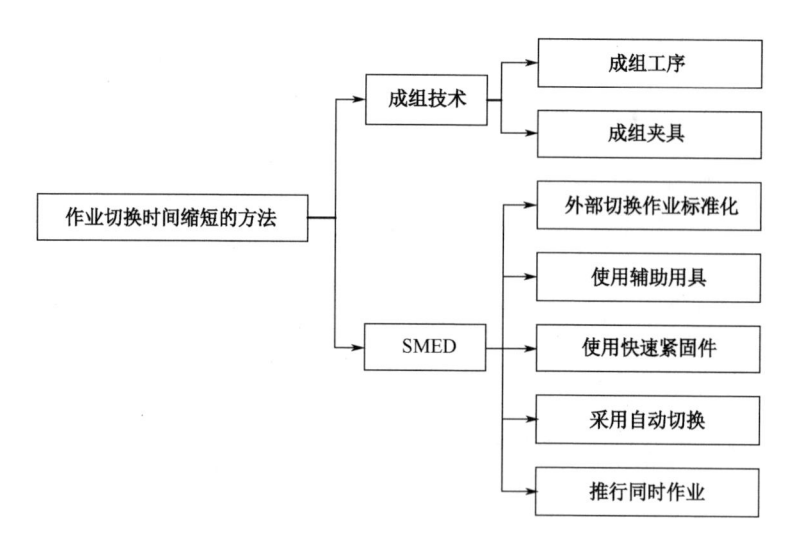

图 1.1 作业切换时间缩短的方法

对于汽车制造所采用的大批量或者流水线生产模式,快速换模方法能够有效地缩短作业切换时间。但多品种、小批量的离散车间的应用则受到限制,主要原因是产品的多品种、多型号,无法实现通用化设计,不能通过快速换装等方法来避免设备、工装间的配合调整问题，并且离散车间生产是单人单机作业的，整个作业切换需要操作者独立完成，无法实现快速换模。

◎ 1.2.2 成组技术

成组技术是以相似性理论为基础的，通过识别和挖掘事物的相似性，把相似的问题归类成组，寻求解决这一组相似问题的统一的最优方案，便于获得较大的收益。米特罗法诺夫（S.B.Mitrofanov）将成组技术（Group Technology，GT）定义为"一是在工艺上工件的类型化，二是加工工序的分类及要加工工件的相似集合"，把加工工序相同或相似的工件集合在一起。奥匹兹的"零件族加工"以零件的加工工艺的相似性为依据，而不以单纯的几何形状相似性为依据。成组技术可以用于制造企业各个部门，如销售部门对客户的产品要求和产品种类成组，设计部门对零件的几何形状、种类成组，工艺部门以加工依据进行零件工艺编码分类，机械加工部门以加工任务特征进行分类。

成组技术的核心思想是零件分类成组。常用的零件分类方法主要包括目测法、分类编码法、生产流程分析法和聚类分析法。目测法是指由工作经验比较丰富的员工通过对零件的工艺图纸进行研读和分析，把某些具有相似特征属性的零件划分为一类，其划分结果主要取决于个人的工作经验和工作习惯等，具有一定的片面性和主观性。生产流程分析法（Production Flow Analysis，PFA）是以零件生产流程为依据的，通过对完整的工艺规程及生产设备明细表等技术文件的分析，把工艺过程相近，如将使用同一组机床进行加工的零件归结为一组，或者将相同加工工艺要求的零件分为一组等，即可以按工艺相似性将零件分类形成加工族。该分析方法与成组结果依赖于大量的技术文件，在实际应用中效率低下。模糊聚类分析法主要包括系统聚类法和逐步聚类法，需要定义相似系数计算方法，并计算相似度，建立相似度评价指标体系进行零件间相似度综合评价，对零件进行逐次合并。相似性度量是零件分组的关键问题，可以通过"距离"度量零件间的相似度，"距离"较近认为零件相似度高，可以划分到同一类中；"距离"较远的零件尽量划分到不同类中。"距离"的计算主要有 Euclidean 距离、Jaccard 系数和 Hamming 距离。

分类编码法需要将零件的设计、加工等相关信息转换为代码，即对被分类零件进行编码，需要制定或选用零件分类编码系统。主要的零件分类编码系统有以下几种。

（1）最早出现的零件分类编码系统是由卡洛茨（Koloc）教授制订的 VUOSO 零件分类编码系统，随后演变出德国 OPITZ 系统和日本的 KC-1 系统等，它们都继承了 VUOSO 的一些特点。在当时计算机并未普及的情况下，分类编码主要靠手工，VUOSO 系统采用四位代码，包括纵向分类环节和横向分类环节。

（2）最早的德国 OPITZ 零件分类编码系统有五位代码，随后升级为十进制的九位代码的混合结构。当时的编码分类有两种标准，一种标准是以 Aachen 工业大学为代表的，主张以零件图样为依据而偏重零件结构形状；另一种标准是以 Stuttgart 大学为代表的，主张从生产角度出发而偏重零件工艺特征。

（3）KK-3 零件分类编码系统是由日本机械振兴协会成组技术研究会讨论

决定的，它具有十进制的二十一位代码的混合结构，该系统将零件分为两大类，即回转体类零件与非回转体类零件，该系统包括纵向分类环节和横向分类环节。

（4）JIBM-1零件分类编码系统是我国机械工业部门为在机械加工中推行成组技术而开发的一种编码系统。该系统结合了KK-3系统和OPITZ系统，是具有十进制十五位代码的混合结构，解决了OPITZ系统分类标志不全和KK-3系统环节过多的问题。

上述四种典型的零件分类编码系统主要从零件结构和加工工艺两个方面进行编码，适用于大多数产品的零件分类编码。而对于部分零件结构相似，加工工艺相似但不能成组加工的零件，这些编码系统的适用性就稍差一些，如多型号、跨批量的航空紧固件，它们的结构、材料和加工工艺相似度极高，如果按照零件工艺和结构进行编码分组，会出现组内粒度过大的问题，并不能有效地减少作业切换和提高生产效率。

随着云制造模式的产生，成组技术可用于实现信息的编码化和条理化，产品模块化、标准化和系列化，以及服务的集成化和标准化等。随着制造业向服务业拓展，成组技术也被用于服务业中，如面向服务分工和服务内容的成组技术。另外，成组技术也可以用于数控机床的自动编程，根据几何特征和工艺特征的相似性对加工任务进行分类成组。随着信息化、智能化的快速发展，计算机技术将促进成组技术的研究和应用，如运用特征识别及图像分割技术实现零件智能识别，聚类成组已成为当前成组研究的热点。在企业实现信息化、智能化的进程中，成组技术能够更好地促进柔性制造的发展。

◎ 1.2.3　Job-shop 调度

制造系统的车间调度（Job-shop 调度）问题是根据生产计划要求，对一项可以分解的工作，在尽量满足约束条件的前提下，通过下达生产指令，对生产任务进行排序，并通过分配资源，以获取产品成本、效率或者制造时间等的最优化，即车间调度就是要解决如何优化配置资源来较好地完成生产任务的问题。车间调度问题主要涉及三方面因素，即约束条件、优化性能指标和调度方案。其中，约束条件主要有产品的投产期、交货期、生产能力、原材料可用性、加工设备、加工顺序、批量大小和工艺路线等。这些约束条件属于确定性因素，而在车间调度过程中，设备故障、原材料供应变化、插单、生产任务变化调整、不同调度方案产生不同的作业切换时间等非正常情况具有随机性和不可预见性，调度过程中应作为不确定性因素考虑。

车间调度的目标就是在满足一系列约束条件下，优化生产系统的生产效率，提高系统生产能力，优化系统性能指标。常用的性能指标主要有最短生产周期、最小化总完工时间、最小化最大总提早/拖延时间、最小化最大作业切换时间和最大化设备利用率等。调度方案就是实现生产调度性能指标的最终解，比如一组排序。车间调度问题还会受到企业生产环境的影响，由于调度问题的优化目标、优化策略及优化模型可能存在不同，因此很难用一个生产环境的调度方案去解决另外一个生产环境的生产调度问题，并且生产环境

绪论 1

的动态性、产品的多样性导致了生产调度的复杂性，需要将人、机、运筹学方法和信息技术结合起来解决车间调度问题。

车间调度问题一般可以描述为：设有 n 种工件 $\{J_1, J_2, \cdots, J_n\}$ 需要在 m 台机器 $\{M_1, M_2, \cdots, M_m\}$ 上加工，每种工件有一道或者多道工序 $O_{ij}\{O_{11}, O_{12}, \cdots, O_{1i}; O_{21}, O_{22}, \cdots, O_{2j}; \cdots; O_{n1}, O_{n2}, \cdots, O_{nq}\}$，$O_{ij}$ 表示第 i 种工件的第 j 道工序。每道工序可以在一台或者多台机器上加工，每台机器在某一时刻只能加工某种工件的某道工序，而且工件的某道工序在同一时刻只能在一台机器上加工，并且工件上道工序加工完成后才能转到下道工序加工。同一台机器上切换加工任务时产生作业切换时间，该时间的长短与紧前紧后加工任务的加工特征有关。

车间调度问题采用 α、β、γ 三参数法表示。α 表示加工环境，β 表示加工约束，γ 表示优化目标。α、β、γ 描述见表1.2。

表1.2 α、β、γ 描述

α		β		γ	
符号	说明	符号	说明	符号	说明
1	单机	ST_{si}	排序独立的作业切换时间	C_{max}	最大完工时间
P	同构并行机	SC_{sd}	排序依赖作业切换成本	E_{max}	最大提早时间
Q	统一并行机	$ST_{si,f}$	排序独立族的作业切换时间	L_{max}	最大延迟
R	不相关并行机	$SC_{sd,f}$	排序依赖族的作业切换成本	T_{max}	最大拖延
F_m	m 阶段流水线	P_{rec}	优先约束	D_{max}	最大交付时间
FF_m	m 阶段混合流水线	r_j	含有释放时间	TSC	总作业切换成本
AF_m	m 阶段安装流水线			TST	总作业切换时间
J	加工车间			$\sum C_j$	总完工时间
FJ	柔性作业车间			$\sum E_j$	总提早时间
0				$\sum T_j$	总拖延时间

17

车间调度问题描述如图 1.2 所示。

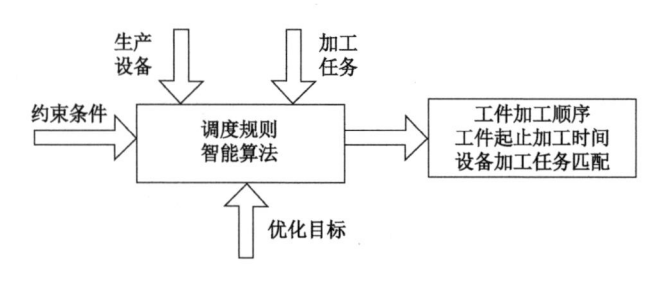

图 1.2　车间调度问题描述

车间调度问题的研究经过多年的发展，从简单到复杂。学者研究的调度问题大多数都是对实际生产环境中复杂的、动态调度问题的一种抽象和简化。不同的生产环境下调度方法和优化目标有一定的差异。车间调度问题的分类方法较多，主要的分类方法包括下列几种。

（1）根据加工系统的复杂度进行划分，可以分为单机调度（Single Machine Scheduling，SMS）、多台并行机调度（Multiple Parallel Machine Scheduling，MPM）、作业车间调度（Job-shop Scheduling，JSS）和流水车间调度（Flow-shop Scheduling，FSS）。

单机调度问题是车间调度中最简单的形式，所有的加工任务都在单台机器上进行，要求每个加工任务都要在这台机器上加工一次，因此存在加工任务的优化排序问题。

多台并行机调度问题比单机调度问题要复杂，每个加工任务可以在任意一台机器上加工一次，优化任务包括两部分，首先是加工机器的选择问题，其次是加工机器上的任务排序问题，因此优化问题更为突出。

绪论

作业车间调度问题是较多实际生产调度问题的简化模型,是目前生产调度研究较多的一种典型调度问题,具有重要的理论意义和实际应用价值。允许同一加工任务可以在多台机器上加工,一个加工任务可以有多种加工路线,车间机床设备的布局比较灵活,工件的加工路径也比较灵活,各加工任务的工序和数量可以不同,这些都增加了调度的复杂性。

流水车间调度问题是指所有的加工任务都在同样的机器上加工,所有的加工任务的工序和加工顺序相同,即每个加工任务的加工路线相同,机床布局为流水线型。

(2)根据加工环境的特点,可以分为确定性调度问题和随机性调度问题。

(3)根据生产产出的产品是连续的产品流、离散的批量、离散的数量三种情况,分为连续生产过程、间隙生产过程和离散生产过程。离散生产过程加工任务通常是分批制造的,同一批产品为原材料相同、加工工序相同的一组产品,一定数量的工件作为一个工件组,在各工序需要加工机器间传输,机械加工是典型的离散生产过程。

(4)根据作业的加工特征分为静态调度(Static Scheduling)和动态调度(Dynamic Scheduling)。静态调度是指所有加工工件同时到达,处于等待加工的状态,通过一次调度,各加工任务的排序和机器分配被确定,并且后续加工中不再改变。动态调度是指加工任务依次达到,各种加工任务不断进入加工系统,加工完成后依次离开,需要考虑生产环境中不断出现的动态扰动因素,如频繁的作业切换和不确定的作业切换时间、临时插单、设备故障等。因此,动态调度需要不断地调整。

在 1954 年，Johnson 研究了两台机床的流水车间调度问题后，人们开始研究车间调度问题。经过 60 多年的发展，车间调度问题的研究方法经历了从简单到复杂、从单一到多元的过程。车间调度问题的研究方法主要有以下几种。

（1）运筹学的方法。

车间调度问题可通过运筹学的方法转化为数学规划模型，采用分支定界法（Branch and Bound）、拉格朗日松弛法（Lagrangian Relaxation）和动态规划算法（Dynamic Program ming）等精确算法寻找调度最优解。分支定界法属于枚举方法，对于求解问题的所有可行解进行枚举，需要确定目标值的上下界，边搜索边减掉搜索树的某些支，对于那些不满足最优解条件的解可直接忽略，提高搜索效率。对于求解较大规模调度问题，运行时间较长，存在整数约束的限制。拉格朗日松弛法是解决复杂车间调度问题的一种重要方法，它克服了整数约束的限制，删除了整数约束并加入代价，主要思想是松弛原问题中较难的约束，将其吸收到目标函数中，再将原问题转化为比较简单的独立对偶问题，来获得原问题的最优解或次优解。动态规划算法以最优化原理和无后效性为基础，将复杂问题分解为简单的子问题，并进行求解，再根据各子问题间的关系，将子问题的解合并到原问题的解中。

（2）基于规则的调度方法。

传统的调度方法使用了调度规则（Dispatching Rules，DR），由于调度规则具有简单、易于实现、计算复杂度较低等优点，受到学者广泛研究。Panwalkar 和 IskaDder 将调度规则分为简单规则、复合规则和启发式规则。常用的调度规则主要包括以下几种。

① 先到先服务（First Come First Served，FCFS）准则。按工件到达车间的先后顺序安排加工。

② 最短加工时间（Shortest Process Time，SPT）优先准则。加工时间最短的工件优先安排，然后是次短的，以此排列，一直到加工时间最长的那个工件。

③ 最早工期（Earliest Due Date，EDD）优先准则。即按照工期从小到大进行排序，工期短的工件安排在前面加工，工期长的工件安排在后面加工。

④ 最长加工时间（Longest Processing Time，LPT）准则。优先选择加工时间最长的工件。

⑤ 转换瓶颈规则（Shifting Bottleneck Procedure，SBP）。该规则是求解Job-shop调度问题非常有效的启发式规则。它将机器逐一进行调度，每次调度时，都把当前机器假设为未调度机器中的瓶颈机器，每次调度完一台机器后，都要对已经调度好的机器进行局部优化。其中，瓶颈机器的识别及局部优化操作都是源于求解单机调度问题的方法，属于原生产调度问题的一个松弛问题。

⑥ Palmer规则是根据工件在各台机器上的加工时间，按照斜度顺序排列的启发式规则。按照各台机器的顺序，加工时间逐步增加的工件优先权数大，反之，加工时间逐步减少的工件优先权数小。

（3）智能优化算法。

车间调度的智能算法主要包括遗传算法、模拟退火算法、蚁群算法等。

遗传算法具有很好的收敛性，以及快速随机搜索能力和潜在的并行性，并且具有可扩展性，容易与其他算法结合。然而遗传算法参数的选择直接影响解的质量，该算法对初始种群具有一定的依赖性，应该结合一些启发算法进行改进。模拟退火算法能够避免搜索陷入局部最优，寻找到全局最优解，但模拟退火算法对整个搜索空间的状况了解不多，不能快速进入最优解的搜索区域进行搜索，因此，模拟退火算法的运算效率不高。蚁群算法具有较强的寻优能力，不容易陷入局部最优，该算法利用了正反馈机制，可以加快进化过程。但蚁群算法也存在一些缺点，比如需要较长的搜索时间，容易出现停滞现象。

随着 C2M 生产模式的转变，越来越多的学者在研究车间调度问题时考虑了作业切换时间。在塑料工业中，不同类型和颜色的产品加工顺序依赖作业切换时间，而应用线性函数方法解决排序依赖作业切换时间的车间调度问题，或可以应用遗传算法解决排序依赖作业切换时间的车间调度问题，目标是最小化总完工时间。由此可知，遗传算法是基于自然遗传进化模型的并行优化搜索方法，完善了局部搜索算法。

1.2.4 成组调度研究现状

车间调度对于制造系统具有重要意义，一直是国内外学者研究的热点问题。如何缩短完工时间、提高设备等资源利用率和生产效率是当前车间调度研究关注的主要问题。随着 C2M 生产模式的转变，多品种、小批量的产品特征更加明显，导致生产中频繁的作业切换，影响了设备利用率和生产效率，以减少作业切换等目标的相关研究，开始成为车间调度研究的主要内容。成组技术能够有效缩短作业切换时间，根据工件结构、材料、工艺、加工资源等指标对加工工件进行聚类成组，将小批量生产转化为中、大批量生产，即成组调度。成组调度主要的研究归类如下。

（1）单机成组调度研究。

Shabtay等人研究了含有到达时间和加工时间约束的单机成组调度问题，提出了一种假设组内任务同时到达的任务匹配方法。Lu Yuanyuan等人研究了加工时间具有学习效应的单机成组调度问题，验证了加工时间、加工开始时间和任务安装时间之间的线性关系。Ji Min等人研究了带有时间窗的单机成组调度问题，以最小化总成本为优化目标，考虑了工件的相似性，对工序的提前/拖期惩罚进行问题求解。姜锐等人研究了基于最小化加权流程时间的单机成组调度问题，根据安装时间与工件组排序的关系、工件组能否分割等成组特征进行了分析，对单机成组调度问题进行分类，采用了变量排序启发式算法进行问题求解。聂黎等人考虑了产品的到达时间、工期、排序依赖作业切换时间等多种约束，建立了调度模型，以最小化提前/拖期惩罚为优化目标，采用了基于基因表达式编程的多层染色体编码方案。王桂娜等人考虑了学习和遗忘效应，以及设备故障概率，构建了单机成组调度模型。闫杨等人研究了作业切换时间依赖资源的单机成组调度问题，考虑了学习效应，应用邻接交换方法，进行问题求解。邹律龙等人研究了单机成组调度问题，以最小化总流程时间为优化目标，采用整数实值编码，选择随机采样、单点交叉及变异检查，提出了改进遗传算法进行单机成组调度问题求解。贺宁等人研究了具有恶化效应和释放时间约束的单机成组调度问题，以最小化总完工时间为优化目标，分析了系统的性能，并提出多项式算法求解问题。闫杨等人研究了具有连续资源的单机成组调度问题，在满足资源消耗总量的限制条件下，以极小化最大完工时间和为实现极小化最大完工时间目标的最小化资源消耗总量为优化目标。

（2）并行机成组调度研究。

衣杨等人研究了并行多机成组调度，以最小化总完工时间为优化目标，采用禁忌搜索结合启发式的智能算法进行问题求解，并且证明了该算法具有解决大规模实际问题的潜力。常俊林等人研究了并行机成组调度问题，以最小化提前/拖期惩罚为优化目标，提出了一种三阶段启发式近似算法。首先，根据最小化总拖期时间为优化目标安排工件次序，其次，依照拖期最小的顺序将工件分配至负荷最小的设备上，最后，采用改进的 GTW 算法在每台设备上的工件间隔插入空闲时间片段，从而满足加工开始时间的约束条件。Abraham, G.T.等人研究了多级的并行机调度，对不同的分组采用几种不同的调度算法，通过实验验证找到不同分组调度算法的最优排序。Bozorgirad 等人针对排序依赖成组的不相关并行机调度问题，构建了混合整数线性规划模型，结合 WEDD 规则给出了启发式算法进行问题模型求解。

（3）作业车间成组调度研究。

张维存等人提出了一种求解柔性作业车间成组调度问题的蚁群粒子群算法，以最小流程时间为优化目标，采用主从递阶形式进行问题求解，主级为蚁群优化算法，选择零件加工设备；从级为粒子群优化算法，在主级零件加工设备约束下优化设备的作业排序。王英玲等人利用成组技术研究了作业车间工件的加工顺序优化，但没有考虑各工件批量大小和不同加工顺序产生的作业切换时间。

（4）流水车间成组调度研究。

孔继利等人为解决调整时间与搬运时间可分离的多目标流水车间成组调度问题，建立了以生产周期为主要目标、以停机次数和总搬运次数为次要目标的多目标决策模型。郑永前等人针对流水车间成组调度问题，以最小化总流程时间为优化目标，加入序列相关的准备时间和有限缓冲的约束，提出了一种将进化算法和禁忌搜索相结合的混合算法，即利用微分进化的并行性搜索确定各组内的工件顺序，应用禁忌搜索寻找最优的工件组顺序。程贞敏等人研究了流水线车间成组调度问题，提出了一种基于 WSPT 规则的启发式方法，并对该算法的上界进行了评估。Neufeld,J.S.等人研究了排序依赖作业切换时间的流水线车间成组调度问题，以最小化完工时间为优化目标，采用插入空闲时间的方法解决成组调度问题，应用启发式算法分层进行求解。Keshavarz,T.等人研究了柔性流水车间成组调度问题，以最小化总完工时间为优化目标，建立了混合整数线性数学模型，提出了基于记忆式演算法的元启发式算法。Liou,C.等人研究了多级流水车间成组调度问题，以最小化完工时间为优化目标，对工件进行编码分组、排序，采用粒子群优化和遗传算法混合算法解决问题，并验证了混合算法的有效性。Qin,H.等人研究了排序依赖学习效应的流水车间成组调度，得出了机器上每个加工工件的学习效应不仅取决于工件位置，还取决于它在工件组的位置的结论，分别研究了最小化进程、最小化总完工时间、最小化带权重的完工时间和最小化总拖延时间的优化目标，对目标函数的边界进行评价，在启发式算法的基础上采用遗传算法进行求解。

M.Ebrahimi 等人研究了混合车间成组调度问题，考虑了任务到达不确定性因素的影响，提出了以非支配排序原则为基础的遗传算法。李霄峰等人提出了一种基于逆向仿真技术的瓶颈调度理论，并将其应用于混合流水车间成组调度问题的研究。陈亚绒等人研究了面向大规模定制的模块工件成组调度问题，以最小化加权拖期为优化目标，对产品与生产特征进行分析，提出了以识别瓶颈工序为基础的启发式方法，实现了生产成本与交货期的优化。樊欣洋和宋博文分别研究了基于成组技术的订单式 Job-shop 调度方法，提出了考虑相近的工期及制造工艺相似性订单成组策略，订单成组并生成虚拟件，以最小化总完工时间为优化目标。

综上所述，目前成组技术研究主要应用于单机调度和流水线车间调度问题，主要通过相似工艺进行工件成组，并且较多研究考虑了学习效应。而对于小批量产品，加工时间和作业切换时间的学习效应并不明显，而且根据相似工艺成组调度加工的工件并不能有效地缩短作业切换时间。目前，对于 Job-shop 成组调度研究较少，并且只有部分研究考虑了优化作业切换时间。

1.3 研究目的、意义

C2M 生产模式导致产生了频繁的作业切换的问题，影响生产计划的制订与执行，给车间调度带来很大的困扰。而传统的车间调度研究主要考虑作业的排队等待时间，较少考虑作业切换时间。因此，目前急需针对基于最优作业切换的车间成组调度展开研究工作。本书的研究内容是针对传统的车间调度研究的不足，并在对车间调度问题研究的基础上提出的论点。研究的主要目的是优化作业切换，达到有效地缩短作业切换时间和提高设备等资源利用率的目的。本书提出了一种面向 Job-shop 最优作业切换的成组调度方法，根据现有制造系统，通过工件加工特征转换、编码聚类，实现车间从单工序到多工序的最优作业切换时间调度优化，以及减少加工过程产生的作业切换时间和提高设备等资源利用率的目标。

本书研究的面向 Job-shop 最优作业切换的成组调度方法是对传统调度问题的一种补充和拓展，主要的研究意义包括以下几方面。

（1）为企业调度人员提供一种可供参考的最优作业切换的成组调度方案。车间调度是生产系统的重要环节之一，本书作为传统车间调度方法的补充，为管理者和调度员提供了一种可选的最优作业切换调度方案。

（2）通过聚类成组，可以有效地减少作业切换次数，有助于产品从单件小批量生产转化为中、大批量生产,提升企业的规模经济效益和对市场的快速响应能力。

(3)为制造企业在实际生产中制订车间调度方案提供了理论和应用基础,提升了成组技术在制造企业的实际应用水平。

1.4 研究内容、方法、技术路线

◎ 1.4.1 研究内容

C2M 生产模式导致频繁的作业切换，需要作业时间，增加了车间调度的难度。本书首先分析了作业切换现状和作业切换时间的影响因素，提出基于加工资源的零件聚类成组遗传算法，将工件的加工特征转换为所需的加工资源，根据加工资源的相似性将小批量工件成组为中批量、大批量工件再进行加工，能够有效缩短作业切换时间和产品生产周期；其次，研究了基于成组技术的最优作业切换车间调度问题，主要包括排序依赖作业切换时间的单机成组调度研究、排序依赖作业切换时间的不相关并行机成组调度研究和排序依赖作业切换时间的柔性 Job-shop 调度研究；最后，应用改进智能算法进行优化目标求解，通过仿真分析验证了算法的可行性。本书主要研究内容如下。

第 1 章介绍了本书的研究背景、国内外相关研究现状、研究目的和意义，阐明了研究内容、方法及创新之处。

第 2 章提出了面向 Job-shop 最优作业切换的成组调度模型与关键技术，通过对 Job-shop 调度和作业切换现状的调研和分析，对作业切换时间的影响因素进行分析，提出了最优作业切换的车间调度问题，描述并构建了面向

Job-shop 最优作业切换的成组调度总体模型和关键技术。

第 3 章研究了基于加工资源相似度的零件聚类成组遗传算法。数控车间加工资源主要包括机器、工装、装夹方式、加工精度、数控程序、员工知识水平等。首先，对加工零件所需资源进行分类，不同类别资源再划分子类，采用 0-1 整数编码表示加工是否需要该项资源；其次，根据加工资源对于作业切换时间长短的不同影响，确定核心加工资源和一般加工资源的权重，采用 Jaccard 系数计算零件间"相似度"，应用成组遗传算法确定零件的分类成组。

第 4 章研究了基于 EDD-SDST-ACO 启发规则的最优作业切换的单机成组调度模型，以最小化总拖延时间为优化目标，采用田口设计方法的信噪比（SNR）进行算法参数优化；应用算例进行仿真分析，论证方法的可行性。

第 5 章研究了基于 GATS 混合算法的最优作业切换的不相关并行机成组调度问题，构建了数学模型，以最小化总拖延时间为优化目标。由于每台机器的加工速度因子不同，相同工件在不同机器上的加工时间和作业切换时间也不同。本章还对遗传禁忌搜索混合算法相关参数进行优化，应用算例进行仿真分析，验证方法的可行性。

第 6 章研究了基于 QCSO 混合算法的最优作业切换的柔性 Job-shop 调度问题，提出排序依赖作业切换时间和加工时间的调度规则，构建了数学模型，以最小化总完工时间为优化目标，采用了改进的量子猫群算法进行问题求解，通过仿真实验验证了算法的可行性和有效性。

第 7 章作为简要的结束语，总结本书研究取得的重要结论，同时指出研究的不足之处，并展望有待进一步研究的问题。

◎ 1.4.2 研究方法

针对本书的研究内容，结合车间生产实际情况和现有研究的不足，主要应用成组技术、运筹学理论、系统仿真理论和先进制造系统等学科的相关理论，通过实地调研、数学建模与求解、算例及案例论证等方法对 C2M 生产模式下最优作业切换时间的车间调度规则进行探讨，具体研究方法有以下几种。

（1）实地研究法。

实地研究（Field Research）法又称为现场研究法，是对自然状态下的研究对象进行跟踪观察、访谈等，收集一段时期内若干关键数据的方法。其最主要的优点是通过对研究对象的直接观察和访谈，可以取得许多形象信息供直觉判断。由于车间调度过程是关于人、机、物料、环节、管理的动态复杂变化的过程，通过实地研究可以有效收集相关数据，并且掌握动态变化中人、机、物料、管理的特征现状，发现多品种、小批量生产过程中存在的问题，特别是产生的作业切换活动和作业切换时间问题。

（2）文献研究法。

文献研究法主要是指通过搜集、鉴别、研究文献形成对事实的科学认识方法。文献研究法的过程主要包括提出问题、搜集文献、整理文献和文献综述四个基本环节。本书在实地调查研究的基础上提出了该研究主题，为进一步了解当前国内外该领域的研究现状与动态，利用文献研究法获取了相关基础资料，并进行分析和讨论，总结出现有研究的不足之处，提出了本书的具体研究内容。

（3）聚类分析和成组技术。

聚类分析就是在相似的基础上收集数据来分类。聚类源于很多领域，包括数学、计算机科学、统计学、生物学和经济学。在不同的应用领域，很多聚类技术都得到了发展。这些技术方法被用作描述数据，衡量不同数据源间的相似性，以及用于把数据源分类到不同的簇中。成组技术是一种依靠揭示和利用事物间的相似性，按照一定的准则分类成组，同组事物能够采用同一方法进行处理，以便提高效益的技术。本书采用聚类分析方法和成组技术将多品种、单件小批量零件进行分类成组，可以有效地缩短作业切换时间和完工时间。

（4）数学建模、智能算法。

采用数学建模的方式建立了车间成组调度问题若干数学模型，并采用智能算法进行模型求解。

（5）案例研究法。

案例研究是指为了理解或验证某一问题的解决过程或求解方法，对某特定时间点或某段有限时间内所观察到的、具有一定空间界限的现象、情况或事例进行分析和研究。

◎ 1.4.3 技术路线

本书采用了提出问题→分析问题→解决问题的研究思路，结合研究目标、研究内容及研究方法绘制了技术路线图，技术路线图的具体内容如图 1.3 所示。

绪论 1

| 研究方法 | 研究内容及逻辑结构 | 研究目标 |

文献研究 / **实地观察** → 第1章 绪论（研究背景 | 研究方法及内容 | 国内外研究综述 | 创新与组织） → 确定研究对象 / 提出研究问题

实地调研 / **成组技术** → 第2章 Job-shop最优作业切换的成组调度模型与关键技术（最优作业切换问题研究 | 成组调度模型 | 成组调度关键技术） → 构建成组调度模型 / 确定成组调度关键技术

成组技术 / **遗传算法** → 第3章 基于加工资源相似度的聚类成组研究（加工资源特征转换 | 相似性度量 | 分组遗传聚类案例研究）→ 工件加工特征转换 / 确定工件相似度 / 工件聚类成组

数学模型 / **蚁群算法** / **遗传算法** / **禁忌搜索算法** / **量子算法** / **猫群算法** / **仿真分析** →

第4章 基于EDD-SDST-ACO启发规则的最优作业切换的单机成组调度研究（问题描述 | 模型构建 | 模型求解 | 案例研究）→ 寻求最小化总拖延时间最优解 / 对比提出优化规则的优越性

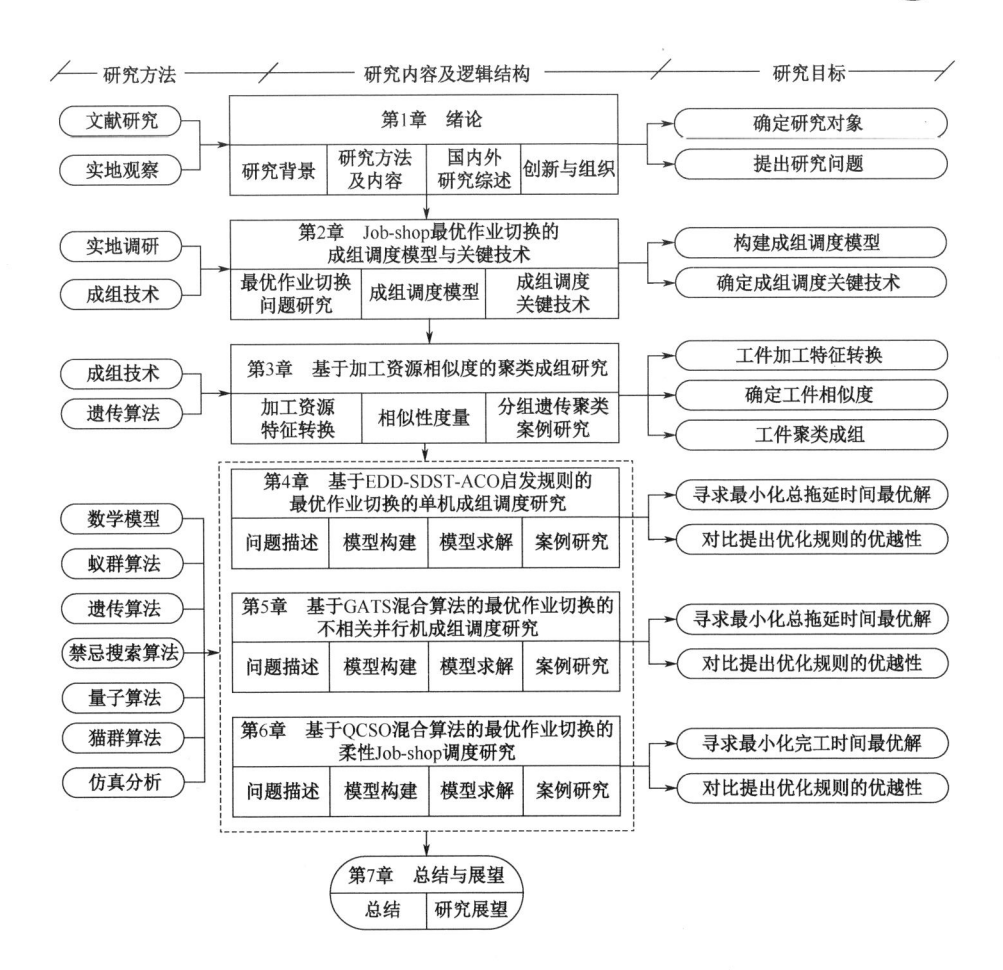

第5章 基于GATS混合算法的最优作业切换的不相关并行机成组调度研究（问题描述 | 模型构建 | 模型求解 | 案例研究）→ 寻求最小化总拖延时间最优解 / 对比提出优化规则的优越性

第6章 基于QCSO混合算法的最优作业切换的柔性Job-shop调度研究（问题描述 | 模型构建 | 模型求解 | 案例研究）→ 寻求最小化完工时间最优解 / 对比提出优化规则的优越性

→ 第7章 总结与展望（总结 | 研究展望）

图1.3 技术路线图

1.5 本书的创新之处

创新一：研究了基于成组技术的最优作业切换单机调度问题。针对不同排序会产生不同作业切换时间的问题，提出基于工件加工所需资源相似性聚类成组方法，以最小化总拖延为优化目标，考虑了排序依赖作业切换时间和工期约束，提出了 EDD-SDST-ACO 启发式规则。根据最短工期和作业切换时间最短工件的优先排序生成初始候选解，采用田口设计方法的信噪比（SNR）进行算法参数优化，通过优化调度有效地缩短了作业切换时间。

创新二：研究了基于成组技术的最优作业切换的不相关并行机调度问题。针对不同排序会产生不同作业切换时间的问题，提出了基于工件加工所需资源相似性聚类成组方法，优化目标为最小化总拖延时间；考虑了不同机器上加工时间不同，以及排序依赖作业切换时间和工期约束，确定工件组在各机器上的分配，以及同一台机器上各工件组及组内工件的排列顺序。同一台机器上工件组之间存在切换时间，同一组内工件不考虑作业切换时间，并且相同工件在不同机器上的切换时间不同；应用遗传禁忌搜索算法进行优化目标求解，并采用田口设计方法的 SNR 对算法参数进行了优化，通过优化调度有效地缩短了作业切换时间。

创新三：研究了基于成组技术的最优作业切换的柔性 Job-shop 调度问题。

针对不同排序会产生不同作业切换时间的问题，提出了基于工件加工所需资源相似性聚类成组方法，该研究为多个工件的多道工序在多台机器上的柔性Job-shop 调度问题；提出排序依赖作业切换时间和加工时间的调度规则，以最小化总完工时间为优化目标，应用改进的量子猫群算法进行问题求解；引入了量子编码，通过量子旋转门转角的更新完成猫群位置迭代更新，采用动态 MR 值，既提高了算法的运行效率和速度，也提高了算法的寻优能力；通过优化调度，有效地缩短了作业切换时间。

1.6 本章小结

本章根据我国制造业的发展现状及车间调度中存在的问题阐述了本书的研究背景，通过概述作业切换、成组技术、Job-shop 调度和成组调度研究现状，提出了本书的研究目的和意义，并介绍了研究内容、研究方法和技术路线；提出了采用成组技术优化作业切换时间的车间调度方法，有助于缩短作业切换时间，提高设备利用率和企业生产效率；指出了 Job-shop 最优作业切换的成组调度研究中急需解决的关键问题，并据此提出了本书的研究创新点。

2 Job-shop 最优作业切换的成组调度模型与关键技术

Job-shop 最优作业切换的成组调度模型与关键技术 2

2.1 引言

车间生产调度问题是制造系统的核心问题，运用运筹方法、管理技术与优化技术解决车间加工对象与资源的优化配置及优化排序，提高制造系统的生产效率和设备等资源利用率。制造过程中 95%的时间消耗在非切削过程中，因此，研究用有效的调度方法和优化技术来解决设备上非切削过程时间消耗问题，应用于实际生产调度管理，具有重要的理论和应用价值。

车间生产调度可以描述为：根据生产计划要求，在尽量满足约束条件的前提下，对生产任务进行排序，并分配资源，以获取产品成本、生产效率或者设备利用率等的最优化。该问题可以简化为确定不同的工作任务安排在不同机器上执行的顺序和时间，使预定的一个目标或者多个目标最优化，既要确定机器上的加工顺序，还要确定该种顺序的开始时间和结束时间。车间调度问题主要涉及三方面因素：约束条件、优化性能指标和调度方案。在满足约束条件下优化一个生产性能指标集，其中，时间（如最小化总完工时间、最小化最大提早/拖延时间）是调度问题常用的优化性能指标之一，此外，还有部分研究综合考虑了加工成本、质量两个因素。随着 C2M 商业模式的出现，对于离散制造企业来说，多品种、小批量的生产特征更加明显，导致生产过程中存在频繁的作业切换，需要作业切换时间，这降低了设备利用率和生产效率。并且由于不同的调度方案产生的作业切换时间不同，影响了生产计划的控制与执行，导致 Job-shop 调度优化决策目标发生了变化。除了考虑上述优化性能指标，还需要考虑优化作业切换。Job-shop 调度优化方案不同，不仅会对生产过程中的时间、质量及成本等运行状态产生影响，同时也会影响设备利用率和生产效率。因此，可通过缩短作业切换时间来提高设备利用率和产品交付率。基于此，本书对面向 Job-shop 优化作业切换的成组调度问题进行研究，将生产加工过程中不同作业排序产生的作业切换时间因素纳入优化调度问题的研究中，在保证完工时间等传统优化调度目标的前提下，尽可能地从成组调度方面减少加工过程中频繁作业切换操作，缩短作业切换时间。

2.2 Job-shop 最优作业切换问题

◎ 2.2.1 Job-shop 调度

车间调度是资源有效配置和优化利用的手段，研究如何将任务均衡地安排到各机器上进行加工，并合理安排各台机器上任务的加工次序，以达到在有限的资源和时间约束下满足客户和市场的最大化需求。目前，在多数企业中，生产制造部门负责生产调度的相关职能，主要包括产能评估、生产计划制订和生产过程控制。多品种、小批量的生产模式给生产调度管理增加了难度。首先是具体设备、工序产能无法评估，其次，在实际生产中，设备故障、人员变动、产品插单、工期不确定、作业切换时间不确定等扰动因素对产能产生了直接影响，使得评估采用的企业历史数据不够准确，导致生产过程中调度计划被频繁调整，在制品积压随着生产进程的推进越发严重。目前，Job-shop 生产的 MIS 系统普遍不够完善，信息化程度较低，生产调度工作主要依靠管理者的经验进行安排，而上述具有不确定性的扰动因素在调度管理中没有被充分考虑，导致调度信息的精确度降低，这影响了企业走向精细化管理的发展进程，导致准时交货要求与制造系统运行精确性较低之间的矛盾逐渐凸显。

为保证生产计划的可执行性，需要将生产计划依照生产组织单位、时间等维度细分到合适的层级，比如某航空紧固件企业将生产作业计划细分成车间级计划，在计划跨度内完全依靠自组织模式进行生产安排，但针对工段、班组的调度人员没有具体的作业计划参考，并且产品生产的优先级划分比较模糊，导致任务安排混乱，半成品积压及紧急加班生产现象严重。

不确定的作业切换时间增加了生产进度控制难度，导致生产作业计划和执行情况出现偏差，主要是由于多品种、小批量生产导致频繁的作业切换，需要作业切换时间，但由于产品种类具有多样性，重复生产的产品较少，很难获取不同调度方案下的作业切换时间，这直接导致了生产计划在执行过程中存在偏差。由于生产作业计划粗放，工段、班组调度人员无法及时准确发现生产进度偏差，随着进度偏差的逐步累加，调整难度及成本呈非线性增大，在车间级调度人员发现问题时，原有的生产作业计划基本上已失去调整使用的价值，最终影响了生产进度。以下例子说明了离散制造企业生产调度现状。

某大型齿轮厂主要产品有高精度、硬齿面舰船齿轮箱，联轴节，水电、火电、核电和风力发电齿轮箱，偏航变桨减速箱，高精汽车发动机齿轮等。该企业生产调度的实施主要采用以下几种方法。

（1）新产品的生产计划根据工期进行倒序排产。根据一般经验，如交货期时间为 5 个月，就可以安排加工时间为 1 个月，装配时间为 0.5 个月，技术图纸会审时间为 1.5 个月，毛坯准备时间为 2 个月。实际生产执行过程存在前期工期耽误的情况。

（2）对于产品工期非常紧的情况，只能将小批量拆分为单件工序加工，便于一种产品的快速交付，但是也导致了更加频繁的作业切换问题，降低了车间整体的生产效率。

（3）对于工期满足的情况，可以采用多个相似工件的任务成组加工的方式，也要考虑后道工序的负荷和等待时间，不能让后道设备闲置或等待时间过长。

（4）单一设备上多任务的排序，首先考虑自身进度，再考虑其他任务。

（5）瓶颈设备的任务排序，首先按工期判断是否分流，其次就是找制造部协调。如磨床出现瓶颈，操作者首先选择熟练的师傅，还可以增加工作时间。

（6）同一规格的零件选择成组，成组前作业切换时间为 2 小时，成组后作业切换时间为 1 个小时。

（7）任务分配考虑加工范围，同型号和同精度的任务也要考虑员工水平的影响。

◎ 2.2.2 Job-shop 作业切换

作业切换是指单台机器上前一批次最后一个工件加工结束到下一批次第一个工件开始加工之间的作业活动。上述车间调度中出现的主要问题是由于多品种、小批量生产过程中频繁的作业切换，降低了设备利用率和生产效率。某航空紧固件企业是典型的多品种、小批量生产模式企业，该企业 2014 年主要工序加工的工件种类数量见表 2.1。

表 2.1 主要工序加工的工件种类数量（个）

月份\工序	冲压	冷镦	机加
1	200	900	650
2	150	500	500
3	260	700	700
4	240	850	800
5	200	650	750
6	126	450	700
7	400	600	600
8	300	700	650
9	230	500	650
10	150	300	550
11	100	300	450
12	360	1 000	860
2014年插单	100	30	130
合计	2 816	7 480	7 990

表2.1反映了该企业2014年每个月冲压工序、冷镦工序和机加工序加工的工件种类数量及各主要工序的插单情况。数据显示，2014年企业冷镦工序和机加工序加工的工件种类近8 000种，并且每种工件还包含多个型号，可见该企业的多品种特征非常明显，由于客户存在个性化需求，该企业的产品存在相同结构不同尺寸、不同加工要求、不同材料、不同工艺，以及不同结构等差异要求。这种多品种、小批量的生产模式明显增加了频繁的作业切换活动，延长了作业切换时间，影响了生产效率。

通过对该企业6种螺钉的加工过程进行跟踪，收集了产品在冷镦、精车和滚丝三道工序某种作业排序的实际作业切换时间，见表2.2。

Job-shop 最优作业切换的成组调度模型与关键技术

表 2.2 螺钉产品作业切换时间及加工时间（分钟）

产品名称	批量（件）	冷镦 T_s	冷镦 T_p	精车 T_s	精车 T_p	滚丝 T_s	滚丝 T_p
开槽盘头螺钉	3 000	225	78	87	780	45	342
扁圆头螺钉	400	103	6	55	32	25	32
十字槽沉头螺钉	1 000	85	25	90	185	15	86
开槽圆柱头螺钉	2 300	122	36.8	45	345	55	184
90°沉头螺钉	1 400	238	23.8	40	224	23	117.6
圆柱头螺钉	300	97	9	70	84	46	34.5

表 2.2 中，T_s 表示作业切换时间，T_p 表示作业加工时间。表 2.2 数据说明了不同工序的作业切换时间有差别，即使同一工序内不同产品的作业切换时间也有一定差距，并且批量越小，加工时间与作业切换时间的差距越大，该时间差距主要是由产品的加工特征差异性引起的。冷镦工序中扁圆头螺钉的作业切换时间与加工时间差距最大，其中，作业切换时间为 103 分钟，加工时间只有 6 分钟，作业切换时间约为加工时间的 17 倍，大大降低了设备利用率和生产效率。当然，这 6 种螺钉的作业排序发生变化时，则该时间表也会随之发生变化。表 2.2 中精车工序的作业切换时间与加工时间对比分析如图 2.1 所示。

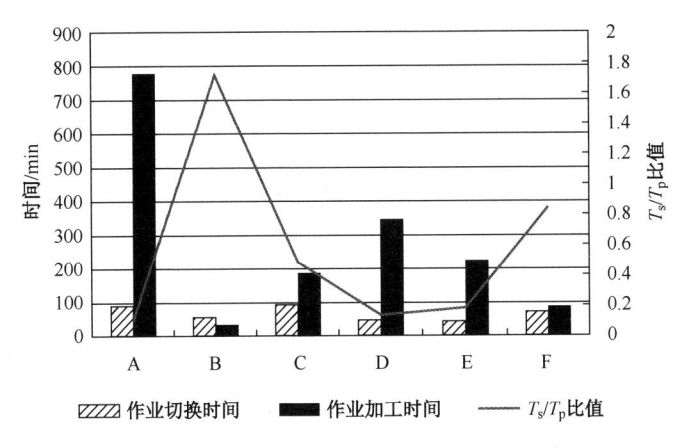

图 2.1 精车工序作业切换时间与加工时间对比图

图 2.1 中，A、B、C、D、E、F 依次表示表 2.2 中 6 种加工螺钉，T_s/T_p 表示作业切换时间与加工时间比值，可以看出：随着螺钉加工批量的增大，作业切换时间与加工时间的比值逐渐缩小。精车工序中，T_s/T_p 比值最大的为扁圆头螺钉，比值接近 1.8，说明该产品的作业切换时间是加工时间的 1.8 倍。6 种螺钉在精车工序上的 T_s/T_p 平均比值为 0.58，说明这 6 种螺钉按照当前加工顺序在精车工序上总的作业切换时间平均为加工时间的 58%。而对于冷镦工序，T_s/T_p 比值更大。另外，随着这 6 种螺钉加工排序的变化，该值也会变化。调研数据说明了 C2M 生产模式下车间生产中存在频繁的作业切换，需要作业切换时间，采用一定的调度优化方案可以缩短作业切换时间，提高设备利用率和生产效率。

在实际生产中，同一台机床上，紧前紧后工序间安排加工工件的不同，产生的作业切换时间不同，因此，同一台机床上的加工工件，不同的作业排序会产生一个作业切换时间矩阵表，见表 2.3。

表 2.3 作业切换时间矩阵表

工件编号	1	2	⋯	N
1	0	T_{12}	⋯	T_{1N}
2	T_{21}	0	⋯	T_{2N}
⋮	⋮	⋮	0	⋮
N	T_{N1}	T_{N2}	⋯	0

在表 2.3 中，T_{ij} 表示在一台机床上从工件 i 某道工序加工结束到工件 j 某道工序加工开始的作业切换时间，$T_{ij}≠T_{ji}$，$T_{ii}=T_{jj}=0$，即对角线上数值为 0，表示工件本身没有作业切换时间，该矩阵为不对称时间矩阵。通过比较该时间

Job-shop 最优作业切换的成组调度模型与关键技术

矩阵数值，选择作业切换数值较小的两两工件安排为紧邻作业，可以有效地缩短作业切换时间。

然而在 C2M 生产模式下，实际生产中多品种、多型号、小批量产品的重复性较低，无法获得作业切换时间矩阵表，如在某航空紧固件企业，在生产过程中，企业几个月甚至一年都没有重复加工过相同的工件，因此，该企业在车间调度中规定了各工序的作业切换时间，并且数控机床工序作业切换时间考虑了批量系数的影响，批量越小，给定的作业切换时间呈倍数关系增加，主要目的是为了平衡工人工时。具体数据见表 2.4 和表 2.5。

表 2.4 各工序基本作业切换时间（分钟）

工 序	基本作业切换时间
数控机床	90
镦制	150
普车	60
铣	60
刨	60
去毛刺	10
无心磨	30
外圆磨	30
滚丝	60
制标	10

表 2.5 数控机床工序作业切换时间批量系数

工件数量（件）	批 量 系 数
[0,50)	5
[50,150)	4
[150,300)	3
[300,500)	2
[500,+∞)	1

表 2.4 和表 2.5 分别给出了各个工序的基本作业切换时间和数控机床作业切换时间批量系数，企业为了平衡工时，规定了数控工序作业切换时间的大小与批量关系，见式（2.1）。

$$作业切换时间=基本作业切换时间×批量系数 \qquad (2.1)$$

精车工序属于数控工序，根据该企业对作业切换时间的规定，对表 2.3 中的生产批量进行计算，分别得出数控工序上 6 种工件的作业切换时间为 90 分钟、180 分钟、90 分钟、90 分钟、90 分钟和 270 分钟，合计为 810 分钟。而 6 种工件在精车工序上按照当前加工顺序实际产生的作业切换时间共计为 387 分钟，比企业给定的作业切换时间减少了 52%，如果企业在制订生产计划时能够结合实际作业切换时间，则能够有效地缩短产品的生产周期和提高生产效率。

不同工序的作业切换活动不同。如某航空紧固件企业的数控车床工序的作业切换主要包括工艺图纸学习，选择刀具、模具，排刀，安装刀具、模具，编程，调试和首检几个部分。加工任务的形状特征和加工精度等对作业切换时间长短有影响。冷镦工序的主要作业切换包括选模具或者修改模具，安装，调试。具体的作业切换活动包括：①选择送料轮并调节其高度；②切料圆模，2～3 分钟；③下模，切料刀，切料长度调整；④安装原料输送固定装置，调节刀与下模距离。因为要保证一条线，至少要调节三条线，即原料输送线、粗冲线和精冲线。然而材料尺寸误差也容易导致模具改制。滚丝工序的作业切换活动主要包括选托板，换滚丝模，调试等，同规格不同长度的情况只调顶杆即可。磨床工序的作业切换活动主要包括换托板，调行程，根据不同任务要求而不同，如磨圆角，需要调砂轮的倾角。

目前，企业制订生产计划时缺乏相关的作业切换时间数据，企业的生产管理员工的优化意识也比较薄弱，致使生产任务依赖较为模糊的订单优先分级进行排序，对于实际生产过程因为产品差异性增加的作业切换时间忽略不计，或者只是根据工序给出宽泛的数值用于生产工时计算，这也是造成企业作业切换时间延长的原因。由于生产作业计划粗放且没有考虑作业切换时间等因素，在实际生产过程中，车间调度员和操作工人一般依据先到先加工的原则进行生产，这样一方面导致了作业计划与实际生产脱节，另一方面导致了频繁的作业切换，而对于加工精度较高的产品，如航空紧固件的生产，则极大地增加了作业切换中的调试难度，从而浪费了时间。

◎ 2.2.3　Job-shop 作业切换影响因素分析

C2M 生产模式导致频繁的作业切换，同一台机器上，不同加工顺序产生不同作业切换，由于多品种、跨批量产品生产中重复性的可能极低，无法获得不同作业排序下的作业切换时间，进而无法有效地缩短作业切换时间，无法提高设备利用率和生产效率。因此，本书提出应用成组技术来解决该问题。首先，分析作业切换时间的影响因素，其次，根据影响因素的相似性进行分类成组，可以有效地合并或减少作业切换活动及缩短作业切换时间。

作业切换时间直接受机器上紧前紧后加工工件特征的影响，如果紧前紧后工件加工特征相似，如尺寸相同、加工面相同或加工精度相同等，则能够避免换刀、调试等工作，达到缩短作业切换时间的目标。因此，本书主要从加工工件本身来研究作业切换时间的影响因素。作业切换活动分为内作业活动、外作业活动和调试活动，内作业活动指只有在机器停顿的状态下，才能做的切换活动；外作业活动指可以在事前或事后做切换动作，可以在机器运行中操作的切换活动；调试活动是指机器在运行中但是不产生生产效率的作业活动，调试活动需要占用机器的加工时间。具体的作业切换活动主要有物料准备、机器准备、工艺图纸的学习、更换工装夹具、安装、编程和调试等活动。作业切换时间的长短主要受物料的准备程度、机器准备程度、生产资源的准备程度的影响。如刀具、物料、设备、辅料，任何一个因素都将影响作业切换时间，已有较多相关研究，并且在实际生产中这些因素均可控，而更换工装夹具、安装、调试等作业切换时间长短与调度方案有直接影响关系，不同作业排序方案产生不同的切换时间，具有不确定性，并且难以估算，给生产计划和生产调度带来一定的困扰。因此，本书通过对不同作业排序方案产生切换时间的影响因素进行分析，进一步研究如何优化作业切换时间来提高设备利用率和生产效率。这项研究具有理论价值和实际意义。

对某航空紧固件某台普通数控车床上 8 种加工任务进行作业排序实验。所选设备是一种档次较高的机床，数控系统功能强，具有刀具半径补偿、固定循环等功能，自动化程度和加工精度比较高，适用于一般回转类零件的车削加工。相关的加工特征和数据见表 2.6 和表 2.7。

Job-shop 最优作业切换的成组调度模型与关键技术

表 2.6 工件的加工特征

零件名称及编号	直径（cm）	长度/厚度（cm）	数量（件）	加工工序	公差等级	加工方式
螺母 1(A)	M1.5	1.2	200	车端面	IT7	车削
螺纹衬套(B)	M1.5	7	400	车端面	IT9	车削
锥形弹性垫圈(C)	6	2.2	230	车内圆	IT9	车削
螺栓 1(D)	M10	6	50	车外螺纹	IT7	车削
螺栓 2(E)	M8	5.5	1 000	车光杆	IT10	车削
螺母 2(F)	M5	3	340	车内螺纹	IT8	车削
螺母 3(G)	M5	4.5	35	钻孔	IT10	钻
头部带保险孔的不脱出圆柱头螺钉(H)	M5	25	150	车外螺纹	IT8	车削

表 2.7 不同加工排序下的作业切换时间矩阵（分钟）

零件编号	A	B	C	D	E	F	G	H
A	0	20	25	60	65	100	85	50
B	10	0	15	85	40	40	40	90
C	120	12	0	45	55	80	50	11
D	70	100	30	0	10	45	150	40
E	125	70	45	20	0	40	40	45
F	130	85	60	75	60	0	10	12
G	50	110	45	45	75	25	0	22
H	120	50	80	65	65	15	25	0

所选设备的作业切换活动主要有装刀具、排刀、装夹头、编程和调试。表 2.6 工件的加工特征，表 2.7 是这 8 种加工任务不同作业排序产生的作业切换时间矩阵表，反映了工件不同的加工顺序产生不同的作业切换时间，并且作业切换活动时间长短与加工机器上紧前紧后切换工件的加工特征有紧密关系。机器安排紧前紧后的工件应具有相似的加工特征，如安排同为回转体零

件数控车端面工序，则可以减少更换刀具的时间，由此可缩短作业切换时间。如果紧前紧后工件的加工工序分别为车内孔和车外圆，则增加了作业切换时间。即使同为车外圆的回转体工件紧前紧后加工切换，从直径大的回转体工件切换到直径小的回转体工件的安装时间比从直径小的回转体工件切换到直径大的回转体工件切换时间要长。不同等级加工精度对调试时间也有明显影响，从高等级加工精度的任务切换到低等级加工精度的任务，可明显缩短调试时间。

综上所述，工件的结构形状、尺寸、加工精度等加工特征直接影响作业切换时间长短。不同的加工排序会产生不同的作业切换时间，将加工特征相似度高的工件进行聚类成组，可以减少切换活动，如减少工装夹具的更换及调试活动等，从而有效地缩短作业切换时间。

◎ 2.2.4 最优作业切换问题的提出

多个零部件组成了完整的产品，产品的功能差异化直接反映了零部件结构和加工特征的不同。产品的零件可以分为三类，分别为 A 类零件、B 类零件和 C 类零件。其中，A 类零件指数量少而产值高的重要零件或结构复杂件，B 类零件指多品种、多型号的相似零件，C 类零件指通用性强，结构简单的标准件。在实际生产中，A 类零件需要专门生产，C 类零件可以进行大批量生产，因此，本书的研究对象为 B 类零件。当然对于大尺寸产品的生产，作业切换时间与加工时间相比就可以忽略，如直径 5 米的大型齿轮，磨齿工序的作业切换时间为 1 天，加工时间为 7 天。因此，本书研究主要针对小尺寸产品，其加工时间与作业切换时间具有可比性及研究意义，比如单件、小批量的航空紧固件产品，某些工序上其作业切换时间甚至高于加工时间几十倍。

随着 C2M 生产模式的发展，多品种、多型号产品的外观结构、性能指标根据客户需求不同而具有多样性，因此，在产品生产过程中调整任何一个加工特征都会衍生出新产品。即使产品的几何形状和加工工艺相似度较高，但不能实现通用化，无法批量化生产，导致了频繁的作业切换，尤其是加工精度高、质量要求严格的产品，更换工装夹具、安装定位、程序调试等作业切换活动花费的时间更长。

常用的作业排序优先规则主要有 FCFS 准则、SPT 准则、EDD 准则和 LPT 准则，但这些常用优先规则在作业调度排序过程中均没有考虑作业切换时间的优化问题。而且传统的车间调度优化目标主要有完工时间、提早/拖延时间、拖延成本等，在满足工期、加工时间等生产约束条件下，对加工任务和机器进行合理的调度安排，而对于最优作业切换的车间调度鲜有研究。

目前，企业考虑的作业切换时间，只是为了平衡工人工时，在生产调度中根据工序给出宽泛的固定作业切换时间值。而 C2M 生产模式下频繁的作业切换和大量的作业切换时间，直接占用了设备的加工时间，增加了设备的能耗，降低了生产效率，影响了作业计划的制订与执行情况，导致生产调度不精准，需要不断地调整，一旦响应较慢，则严重影响产品的生产进程，降低了设备利用率和产品交付率，最终影响客户满意度。

加工任务不同的作业排序会产生一个作业切换时间矩阵表，见表 2.3。

在实际生产中，多品种、多型号产品很少重复，难以获得该作业切换时间矩阵表，表 2.6 和表 2.7 显示作业切换时间矩阵表与工件的加工特征有直接关系。因此，面向 Job-shop 车间最优作业切换的成组调度问题被提出，该问题涉及不同作业排序产生不同的作业切换，即排序依赖作业切换时间，通过优化调度尽量地减少作业切换和缩短作业切换时间，提高设备等资源利用率和生产效率。

2.3 基于成组技术的最优作业切换的 Job-shop 调度模型

◎ 2.3.1 面向 Job-shop 最优作业切换成组调度

调研数据显示,在生产不同种类工件时,同一台设备上不同的作业排序会产生不同的作业切换时间,由此产生不同排序的作业切换时间矩阵表,在生产调度中可以搜索该矩阵表中作业切换时间数值较小的两两工件并将它们安排为紧邻生产,实现有效缩短作业切换时间和提高设备等资源利用率的目标。对于 C2M 生产模式,多品种、小批量的生产特点使得相同产品重复生产的概率极低,因此,实际生产中无法获得不同作业排序产生的作业切换时间矩阵表,这给缩短作业切换时间及生产计划的制订与执行都带来很大的困扰。

传统的成组技术是根据一定的相似性评价标准将工件划分为一组,主要依据工件本身的特征分类成组,如外形结构、材料和工艺顺序等,该成组结果比较适用于产品成组设计或者车间单元布局等。另外,成组效果与工件自身的相似性直接相关,如果工件之间的相似度较低,则无法统一提取共性问题;如果工件之间的相似度高于成组技术识别的范围,则会得到模糊的工件分类,失去了成组的意义。

因此，本书基于成组技术构建了一套 Job-shop 最优作业切换的调度方案。以成组技术、相似性原理为理论支撑，以数学建模、智能算法、仿真分析为技术手段，通过优化调度来降低 C2M 生产模式下频繁的作业切换，缩短作业切换时间。首先，对作业切换时间的影响因素进行分析，根据影响因素的相似度进行工件聚类成组，作业切换时间与工件的加工特征有直接关系，而工件的加工特征可以转换为加工所需的资源特征，对作业切换时间影响因素的相似度进行聚类成组，等同于对工件加工所需资源的相似度分类成组，将工件加工所需资源相似性高、切换成本低的工件聚类成组，在满足工期要求的基础上尽量将其安排为紧前紧后顺序加工，可以有效地减少工装夹具等加工资源的切换次数，尽量避免更换工装夹具产生的调试时间，进而缩短加工过程中机器的非切削时间。其次，根据工件聚类成组结果进行单机调度研究及并行机调度研究，最终解决最优作业切换的多工序柔性 Job-shop 调度问题。该优化调度方案既可以有效缩短作业切换时间，也可以提高设备等资源利用率及生产效率。

车间成组调度的研究主要针对具体的工序，上述成组指标并不适用，工序内成组生产的关键是同一工序上加工任务具备工序相似性，即工序上加工任务的加工特征相似性。由于排序紧前紧后加工工件特征的加工所需资源更换会直接影响作业切换时间，所以工件成组要从加工所需资源的切换活动入手，而机器上加工所需资源的切换活动与工件的加工特征有直接关系，如工件的材料、结构、加工精度、工期、设备等特征要求，因此，本书基于加工资源的工件聚类成组，将工件加工特征转换为加工所需资源，再采用编码技术对加工资源进行编码，进而进行相似度计算和聚类成组。在对加工所需资源工件进行成组时，为了解决与实际生产中出现的批量、到达时间、加工时间、工期等约束条件的矛盾，可以将工件组依据一定的规则进行分割。

最优作业切换的成组调度研究首先解决单台机器上工件成组加工问题，其次是多台并行机上工件成组加工问题，需要考虑工件的成组，工件与机器的匹配，最终扩展到作业车间调度，即柔性 Job-shop 调度。实现从基本的单工序排序依赖作业切换时间的调度研究延伸到排序依赖作业切换时间的多工序作业车间调度研究。

◎ 2.3.2 基于成组技术的最优作业切换的 Job-shop 调度模型

建立面向 Job-shop 车间优化作业切换的成组调度模型有助于从整体上分析车间成组调度，为本书的研究提供系统的体系和理论支撑，有助于协助生产车间应用成组调度方法，为企业创造实际生产价值。然而，面对多品种、小批量生产导致的频繁的作业切换所需的作业切换时间，目前还尚未明确提出相关的模型，开展基于成组技术的最优作业切换的成组调度研究。因此，在前述分析研究的基础上，应用成组技术构建了面向 Job-shop 车间优化作业切换的成组调度模型，如图 2.2 所示。

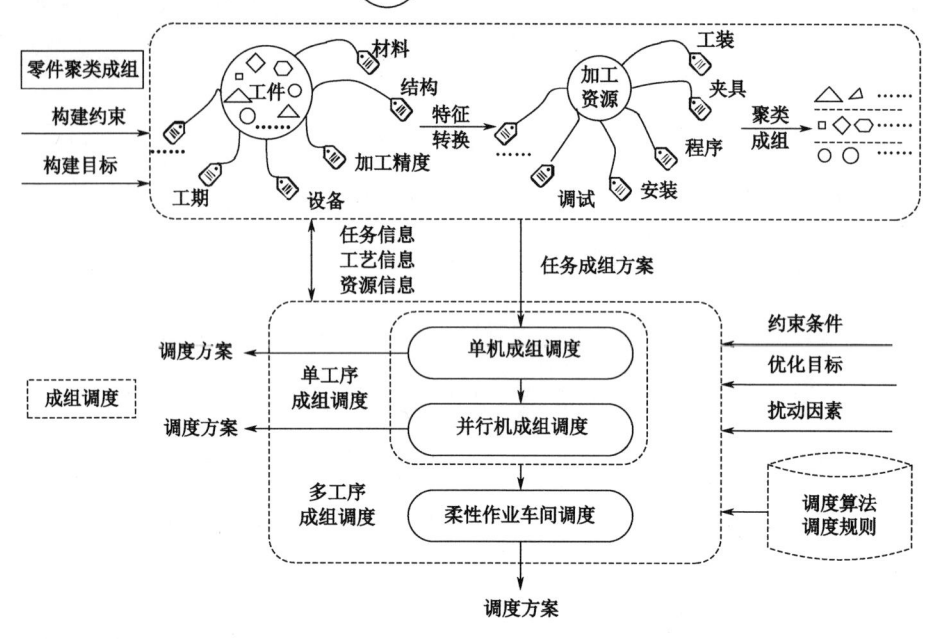

图 2.2 基于成组技术的最优作业切换的 Job-shop 调度模型

基于成组技术的最优作业切换的 Job-shop 调度模型主要包括两大模块，即零件聚类成组模块和成组调度模块。成组调度模块包含单机组成调度、并行机成组调度、柔性作业车间调度三个模块，各个模块之间通过数据流紧密联系成一个有机整体，实现了 Job-shop 车间最优作业切换的成组调度目标。各个模块以生产任务、产品工艺和制造资源信息作为输入，以任务成组方案和优化调度方案作为输出。将零件聚类成组模块采用编码技术和相似度计算方法完成了加工任务的聚类成组作为成组调度的输入，成组调度模块根据调度算法、调度规则、约束条件、优化目标和扰动因素实现了从单工序到多工序的最优作业切换的成组调度目标，有效地缩短了作业切换时间，提高了设备利用率和生产效率，保证调度方案对实际制造执行过程具有应用价值。

2.4 面向最优作业切换的Job-shop成组调度关键技术

通过对图2.2成组调度模型进行分析，此处将阐述成组调度问题中涉及的零件聚类成组、单机成组调度、并行机成组调度和柔性Job-shop调度这四项关键技术的内容，如图2.3所示。

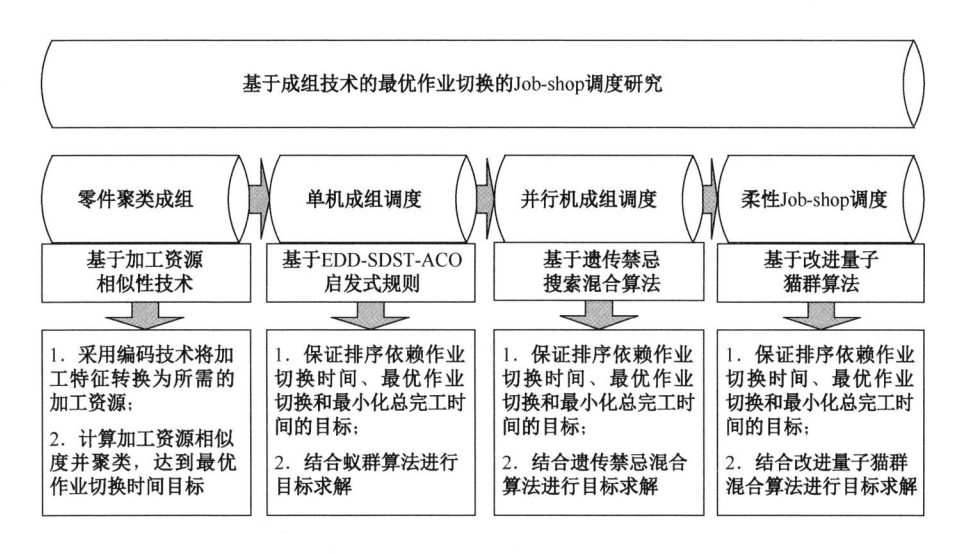

图2.3 基于成组技术的最优作业切换的Job-shop调度的关键技术

◎ 2.4.1 零件聚类成组

成组技术可以将单件小批量生产转化为中大批量生产，能够有效地缩短作业切换时间和完工时间，提高机器利用率，降低生产成本。成组技术的核心思想是要充分认识有关事物客观存在的相似性，对相似性进行描述，并制定相关标准。对于零件聚类成组问题来说，采用什么样的相似性标准是实施成组技术的关键。目前，将零件聚类成组常用的方法有目测法、生产流程分析法和分类编码法，或采用 K-means 聚类算法和 BP 神经网络算法等方法根据零件工艺特征进行聚类成组。然而零件工艺相似度并不能准确表征零件之间加工资源的相似度，零件之间加工资源相似度的高低决定了作业切换时间的长短。如多品种、多型号的航空紧固件产品，其结构、材料、工艺相似度极高，如果按照零件本身特征进行零件分组，会出现组内粒度过大的情况，并且由于所需加工资源存在差异性，导致加工过程依然存在频繁更换工装、夹具，安装调试等作业切换活动，这都导致产生大量的作业切换时间，不能有效地提高设备利用率和生产效率。因此，研究这种特征零件的分类成组方法对于缩短作业切换时间和提高生产效率具有重要意义。

◎ 2.4.2　基于成组技术的最优作业切换单机调度问题

C2M 生产模式导致的频繁作业切换，已经成为车间生产调度决策解决的主要问题。优化的调度策略可以有效地缩短作业切换时间和生产周期。单机调度问题是研究如何在一台机器上参与生产车间的调度和处理，该问题主要研究加工工件的优化排序。在研究单机调度问题时，基于成组技术的最优作业切换的调度方法能够有效地缩短作业切换时间，达到缩短生产周期和提高生产效率的生产目标。单机调度问题可以描述为：有 n 种工件需要在一台机器上加工，每种工件都有加工时间、作业切换时间、工期等参数约束，在满足相关的加工环境和约束条件下，获得一种最优加工排序的调度方案来实现最优目标。单机调度是车间调度中最基本的调度问题，研究单机调度问题有利于更好地理解和解决复杂的多机调度问题。求解单机调度问题的启发式算法也是求解复杂调度问题算法的基础。在实际生产中，复杂调度问题往往可以分解为多个单机调度问题。另外，单机调度可以有效解决车间瓶颈机器的调度问题，因为瓶颈机器的生产调度是整个车间调度的核心，并且是产品工艺中比较靠前的加工工序。如某航空紧固件企业的冷镦工序上的一台机器负责加工多种尺寸和材料的螺栓和螺母，如何在该机器上安排加工任务才能使作业切换时间较短，使机器利用率高，并且不影响紧后工序生产。因此，合理安排冷镦工序的加工工件顺序对后续工序的生产意义重大。

另外，根据排列组合知识，较大规模的单机调度问题属于 NP 难题，如 $n=20$ 时，$n!=2.4\times10^{18}$，如果采用枚举法对所有可能排序结果进行比较，即使计算机每秒运算十亿次，也需要花费 77 年的时间，由于分支界定、整数规划等枚举算法效率较差，因此，需要借助智能启发式算法进行问题求解。

在多品种、单件小批量单机生产调度研究中，一个重要的实际问题就是不同作业排序对于作业切换时间长短影响较大，即排序依赖作业切换时间的单机调度情况更加符合多品种、小批量生产模式下的实际生产调度问题，对其研究具有重要的理论价值和实际意义。

◎ 2.4.3　基于成组技术的最优作业切换不相关并行机调度问题

并行机调度是车间生产调度中常见的一类调度问题。多台机器并行完成的操作任务需要多台并行机调度操作，对于解决多品种、小批量生产模式的并行机调度问题，研究的主要目标就是如何有效地缩短作业切换时间的调度策略。多机调度问题比单机调度问题更复杂，也更普遍，优化问题要重要得多。

并行机调度问题可以描述为：n 为给定的工件集合，m 为给定的机器集合，每个工件有多道工序，每道工序需要在一台给定的机器上不间断地进行加工，每台机器一次只能加工一道工序，每个工件同一时间只能在一台机器上加工。由于每个工件所经过的加工工序及工序顺序不同，因此，加工路径具有不确定性。以机械制造车间的数控车削工序为例，车削操作的加工单元可以由多台并行数控车床构成，这些数控车床的加工能力不尽相同，应根据原材料尺寸大小、加工精度、员工知识水平等因素选择合适的数控机床进行加工。为了减少作业切换活动，尽量将小批量工件进行成组并优化排序加工。该过程是车间调度的并行机调度环境，是典型的带工件加工约束和排序依赖作业切换时间的并行机生产调度过程。多品种、单件小批量生产模式下并行加工特点更为明显。目前主要研究的是同构并行机调度，假设所有的机器相同，工件可以在任意机器上加工，并且同一类工件的加工时间相同，同一类工件在不同机器上加工的作业切换时间相同。

在实际加工环境中，并行机生产车间更多的是进行不相关并行机加工，由于机器的新旧、型号、规则存在差异，机器的加工速率不同，导致同一类工件在不同机器上的加工时间不同，相同工件在不同机器上的作业切换时间不同。车间调度加工环境中不相关并行机调度问题比较典型，因此，研究不相关并行机调度问题是车间调度的重要组成部分。

◎ 2.4.4 基于成组技术的最优作业切换柔性 Job-shop 调度问题

柔性 Job-shop 调度问题（Flexible Job Shop Scheduling Problem，FJSP）是传统作业车间调度问题的扩展。在传统的作业车间调度问题中，每个工件的加工工序、每道工序的加工机器和加工时间都是预先确定并且固定不变的；而柔性作业车间主要针对多品种、小批量的生产，为了提高生产效率而增加了车间生产的柔性，工件的每道工序可以选择在多台机器上加工，并且同一个工序在不同机器上的加工时间及作业切换时间不同，这更加符合实际生产情况，同时也增加了车间调度的难度，是制造企业生产调度亟待解决的问题之一。在多品种、小批量生产模式中，频繁的作业切换需要作业切换时间，也增加了柔性 Job-shop 调度的复杂性，而目前考虑作业切换时间的柔性 Job-shop 调度相关研究较少。因此，本书采用成组技术研究了排序依赖作业切换时间的柔性 Job-shop 调度问题，该问题可以描述为：有 n 个工件需要在 m

台机器上加工，每个工件包含一道或多道工序，工件需要按工序顺序加工，每道工序可以选择多台不同机器进行加工，同一工序在不同机器上的加工时间不同，同一时间每个工序只能安排在一台机器上加工，同一台机器只能安排一个工件进行加工，并且机器上安排工件的加工工序时，必须保证该工件紧前工序已经加工完成。安排在同一台机器上加工的多个工件切换需要作业切换时间，并且不同加工排序产生的作业切换时间大小不同，安排在机器上第一位加工的工件工序需要初始作业切换时间。调度规则需要考虑作业切换时间、加工时间、工期和机器负荷等约束条件，调度目标为每道工序选择最合适的机器，确定每台机器上各个工件的加工顺序及开始时间和结束时间，最终达到最小化总完工时间的优化目标。柔性 Job-shop 调度问题可以分为两个子问题，分别为工件选择机器问题和机器上工件排序问题。

2.5 本章小结

C2M 生产模式导致频繁的作业切换，产生了大量的作业切换时间，成为车间调度必须考虑和重视的问题，通过对 Job-shop 调度和作业切换调研分析，以及对作业切换时间影响因素分析，提出并构建了基于成组技术的最优作业切换的车间调度模型，并对其关键技术进行研究。描述了零件聚类成组、基于成组技术的最优作业切换的单机调度、并行机调度和柔性 Job-shop 调度问题研究四个关键技术。

3 基于加工资源相似度的聚类成组研究

基于加工资源相似度的聚类成组研究 3

3.1 引言

多品种、小批量的生产模式满足了客户的个性化需求，也导致生产过程中存在频繁的作业切换，需要作业切换时间，严重影响了生产效率，对加工时间短、多品种、小批量的产品影响更为明显。成组技术（Group Technology，GT）属于工程技术科学，通过识别和挖掘有关事物的相似性，采用一定的规则对事物相似性进行评价，根据评价结果对其进行成组归类，寻求解决归类问题相对统一的最优方案，以取得所期望的效益目标。成组技术最先用于解决机械加工工艺归类问题，根据加工工艺特征相似性将多品种零件分类以形成零件族，可以将小批量零件成组为中、大批量，再进行加工，使小批量生产获得大批量生产的经济效益。成组技术能够有效地缩短作业切换时间及生产成本。成组技术应用于回转体零件的分组加工，可制定符合企业产品零件特征的编码系统 KFCS，采用 K-means 聚类算法和 BP 神经网络算法进行零件匹配研究。零件机器的成组问题是单元制造的关键一步，提出了通过输入数据矩阵的行和列同时聚集的机器和零件双向聚类方法。

郝景新等人为了解决某板式衣柜厂典型产品的成组分类问题，建立了零件相似矩阵，通过传递闭包法实现了零件成组分类。戚得众等人根据板类零件的材质、厚度和加工工艺相似性，构建了一种零件特征矩阵来描述零件的形状特征，采用人工神经网络算法获得零件特征矩阵与分组之间的映射关系。汤岑书等人提出了加工特征识别新方法，该方法以生成表面加工方法和聚类优化为基础，并结合加工资源、加工表面和加工方法三类信息模型建立了加工表面聚类优化模型，将同一装夹下连续加工的一组表面聚类为一个加工特征。董雁提出了一种基于装配结构模型的零件结构编码方法来解决相似结构零件的检索问题。应用遗传算法（Genetic Algorithm，GA）和反向传播（Back Propagation，BP）网络的零件成组方法，在已知零件加工工艺过程条件下，根据零件加工工艺相似性，将一批零件聚类成几个组。张辉等人确定了工艺路线的相似性度量因子，并构建了工艺路线设计结构矩阵，通过粒子群优化算法实现了工艺路线的智能聚类。龚毅光提出一种可调节的权重系数向量和改进的 ISODATA 模糊聚类算法进行零件分类成组，该方法能够有效解决零件分组数目和各个特征重要性难以确定的问题。李岩等人结合了 GA 和模拟退火算法（Simulated Annealing，SA）的优点，构建了可变工艺路径的加工单元成组优化模型，用来解决零件成组问题。主要的零件族分类标准及应用见表 3.1。

表 3.1　零件族分类标准及应用

零件族	相似性特征	应　用
设计族	零件几何形状、功能、材料、加工方式及加工特点等	零件图样检索、设计合理化及标准化、CAD 等
加工族	零件几何特征、材料、加工工艺、毛坯类型、加工尺寸、加工设备及工艺装备等	成组加工、设备布局、成组工艺、成组夹具、CAM 等

通过研究基因表达式编程的分类与聚类，结合数据挖掘中的规则分类

K-means 聚类算法和基因表达式编程。之前的研究是根据零件工艺相似度进行编码分类的，但零件工艺相似度不能准确表征零件间加工资源的相似度，而零件之间加工资源的相似度的高低决定了作业切换时间的长短。因此，基于零件工艺相似度的零件分组不能有效降低作业切换时间。如多品种、多型号的航空紧固件产品，其结构、材料、工艺相似度极高，按照零件本身特征进行零件分组，出现了组内粒度过大的情况，并且由于所需加工资源存在差异性，导致加工过程依然存在频繁更换工装、调试等作业切换活动，需要作业切换时间，不能有效地提高设备资源利用率和生产效率。

以上采用传统的成组技术进行零件分类成组研究，主要采用了 KFCS 编码系统及基因表达式编码等编码方法，如 K-means 聚类、ISODATA 模糊聚类等聚类算法，以及遗传算法、神经网络方法等智能分析方法。但是传统的成组技术依照零件本身的工艺特征进行分类，虽然成组指标对作业切换时间有影响，但其并非具有直接关联性。

本书主要以所需加工时间短，作业切换时间长的多品种、小批量产品为研究对象。对单人单机作业而言，整个作业切换需要操作者自己完成，作业切换活动主要包括学习工艺图纸，更换工装夹具和安装调试，不满足双脚勿动和多人并行等快速换模的要求。通过对多家多品种、小批量制造企业（主要包括航空紧固件和军工产品等）进行调研，结果显示工序内频繁的作业切换明显影响了产品交付率和生产效率，降低了客户满意度。尤其是航空紧固件企业，产品具有多品种、多型号、尺寸小、加工时间短、精度要求高等特点，大多数产品属于单件试生产，稳定性差，模具的选择和调试需要花费较多时间。如 M 航空紧固件企业实际生产数据显示数控车削工序和冷镦工序加工工件的作业切换时间高于加工时间 20 多倍。因此，针对多品种、小批量生产模式，以缩短作业切换时间、提高组织生产效率为目标，本书研究了基于加工资源的零件聚类成组方法。根据成组遗传算法（Grouping Genetic Algorithm，GGA）可知，该方法因其高效的成组效率受到重视。成组遗传算法是解决分组问题的一种改进的遗传算法，不同于传统的遗传算法，主要体现在两个方面：一是使用分组编码方案将成组问题相关结构通过染色体转换成基因；二是应用分组编码方案和适合染色体的特殊遗传算子。本书将所需加工资源相似度高的零件进行成组加工，可以有效减少作业切换时间，便于组织生产加工，提高生产效率。比如 A 种零件和 B 种零件所需要的加工资源有三项相同，那么将 A 和 B 进行分组紧邻加工可以抵消 B 种零件的三项作业切换时间，提高生产效率。

3.2 加工资源特征

零件的特征可分为零件在产品中的作用和与其相对应的结构。零件在产品中的作用可参照零件间的装配关系及零件图纸的某些信息进行判断，而零件的结构则可根据零件图纸的信息来确定，主要包括结构、尺寸、工艺和材料四个方面。这些特征都主要局限在设计阶段，而在生产阶段，这些特征主要体现在所需加工资源的使用上。

在多品种、小批量零件加工过程中运用成组技术时，首先对零件特征进行逐步转换，最终转换为零件所需加工资源特征，具体转换过程如图 3.1 所示。

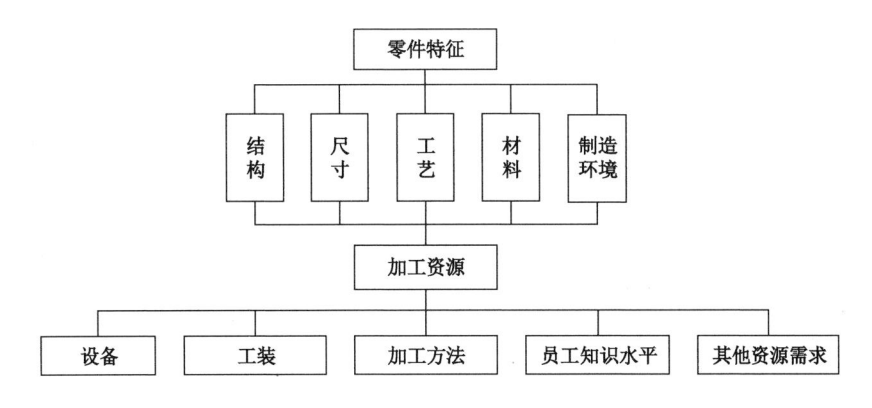

图 3.1 零件特征转换过程

根据某航空紧固件企业实际生产及专家建议可知，数控车床影响作业切换时间的加工资源的具体指标有机器、工装、装夹方式、加工精度、数控程序和员工知识水平等几个方面。在推广应用中，我们可以根据实际工序和产品特征进一步完善具体的加工资源指标。作业切换时间是指从上一个品种零件的完成时间开始到下一个品种零件的开始加工时间。作业切换活动包括学习工艺图纸、更换工装、安装和调试等工序。工装具体包括刀具、模具、夹具和量具。其中影响生产资源切换时间的主要因素有机器、加工精度、工装和装夹方式。影响调试时间的主要因素有加工精度、员工知识水平和数控程序。

采用传统的成组技术进行零件分类时，指标的取值范围或同一指标下两零件特征值的比值范围无法进行准确确定，也给零件成组带来了诸多困难。而采用表 3.2 所示分类的加工资源作为评价零件特征相似性的指标对于缩短作业切换时间具有显著的优势，即零件的特征值可以用 0-1 整数表示，1 表示该零件加工需要此项资源，0 表示该零件加工不需要此项资源。对于零件之间的相似性评价，可以转化为两零件是否采用同样的加工资源及相同加工资源种类的多少进行评价。

表3.2 数控车床工序加工资源分类示例

加工资源	机器	刀模具	夹具	加工精度	数控程序	人力资源
分类依据	型号	型号	装夹方式	级数	程序	知识水平
具体类别	机器1	刀具1	方式1	IT01	程序1	高级
	机器2	刀具2	方式2	IT02	程序2	中级
	……	……	……	……	……	初级
	机器m_1	刀具m_2	方式m_3	ITm_4	程序m_5	

3.3 加工资源相似性度量

◎ 3.3.1 建立编码矩阵

零件特征转换为加工资源特征,即定义为零件的属性,加工资源的子项可以定义为属性下的子属性指标。设有 n 种被成组零件,记零件集合为 $P=\{p_1,p_2,\cdots,p_n\}$,每种零件有 m 项加工资源,记为 $R=(r_1,r_2,\cdots,r_m)$,任一项加工资源 $r_k(k=1,2,\cdots,m)$ 包括 s_k 个子项属性特征 $s_1+s_2+\cdots+s_m=q$,q 表示加工资源属性特征数,即零件特征数,则第 i 种零件的属性集合可以表示成加工所需的各子项资源特征。

$$p_i = (\overbrace{H_1 \cdots H_{s_1}}^{r_1} \overbrace{H_{s_1+1} \cdots H_{s_1+s_2}}^{r_2} \overbrace{\cdots}^{r_k} \overbrace{H_{s_1+s_2+\cdots+s_{(m-1)}+1} \cdots H_q}^{r_m}), i \in [1,n], k \in [1,m]$$

(3.1)

式(3.1)中,H_{s_k} 为零件所需第 k 项加工资源的第 s_k 个子项资源的特征值。

$$H_{s_k} = \begin{cases} 1, & \text{需要第}k\text{项加工资源的第}s_k\text{个子项资源} \\ 0, & \text{不需要子项资源} \end{cases}$$

(3.2)

零件加工所需的作业切换时间表示为:

$$S = (\overbrace{S_1 \cdots S_{s_1}}^{r_1} \overbrace{S_{s_1+1} \cdots S_{s_1+s_2}}^{r_2} \cdots \overbrace{\cdots S_{s_k} \cdots}^{r_k} \cdots \overbrace{S_{s_1+s_2+\cdots+s_{(m-1)}+1} \cdots S_q}^{r_m}) \quad (3.3)$$

式（3.3）中，S_{S_k} 为第 k 项加工资源的第 s_k 个子项所需的作业切换时间。

◎ 3.3.2　加工资源的加权相似性度量

相似性度量是零件分组的关键问题，在对零件集合进行分组时的一个依据标准就是零件之间的"距离"，将"距离"较近的零件划分到同一类中，"距离"较远的零件尽量划分到不同类中。零件之间的"距离"是对零件集合相似性的度量，零件的相似度就是零件所需加工资源之间的相似度函数。两个零件越相似，距离越小，相似度越高。因此，通过零件间的"距离"度量加工资源的相似度。"距离"的计算主要有 Euclidean 距离、Jaccard 系数和 Hamming 距离。Jaccard 系数适用于布尔向量，衡量个体间共同具有的特征是否一致的问题。本书采用 Jaccard 系数计算零件间距离，零件属性特征采用 0-1 整数，表示是否占用相应的加工资源。

$$J(A,B) = \frac{|A \cap B|}{|A \cup B|}, \ 0 \leqslant J(A,B) \leqslant 1 \quad (3.4)$$

式（3.4）中，$J(A,B)$ 为样本集 A 和 B 的 Jaccard 相似性系数。如果 A 和 B 均为空集，则 $J(A,B)=1$。样本间的相似度与距离度量相反，相似度值越小，说明样本间相似度越小，差异越大，距离越大，则 Jaccard 距离可以表示为：

$$d_J(A,B) = 1 - J(A,B) = \frac{|A \cup B| - |A \cap B|}{|A \cup B|}, \ 0 \leqslant J(A,B) \leqslant 1 \quad (3.5)$$

由于每项加工资源所需作业切换时间长短不同,本书将加工资源分为核心资源和一般资源,需要作业切换时间长的为核心资源,否则为一般资源。通过不同权重值来区分核心资源和一般资源,同一项加工资源所有子项的权重相同,权重集合为:

$$w = (w_1, w_2, \cdots, w_m), \sum_{k=1}^{m} w_k = 1, k = 1, 2, \cdots, m \tag{3.6}$$

式(3.6)中,w_k为第k项加工资源的权重系数。本书采用 Jaccard 系数计算零件间距离,考虑加工资源权重的p_i,p_j共同占有加工资源项占所有加工资源项的比例。根据零件"距离"计算得到零件加权相似度矩阵。具体计算公式为:

$$d(p_i, p_j) = 1 - \frac{\sum_{k=1}^{m} w_k \sum_{s_k=1}^{q} H_{s_k}^{i'} H_{s_k}^{j'}}{\sqrt{\sum_{k=1}^{m} w_k \sum_{s_k=1}^{q} H_{s_k}^{i'2}} + \sqrt{\sum_{k=1}^{m} w_k \sum_{s_k=1}^{q} H_{s_k}^{j'2}} - (\sum_{k=1}^{m} w_k \sum_{s_k=1}^{q} H_{s_k}^{i'} H_{s_k}^{j'})} \tag{3.7}$$

式(3.7)中,$H_{s_k}^{i'}$和$H_{s_k}^{j'}$分别为零件i和零件j的第k项加工资源的第s_k个子项资源的特征值。

3.4 基于加工资源相似的零件聚类成组遗传算法

本书中聚类问题的数学描述为：给定一个需要成组的零件集合 $P=\{p_1, p_2, \cdots, p_n\}$，零件的属性表示为所需加工资源的各子项资源，零件 p_i 的特征集合如式（3.1）所示。聚类问题的目标就是得到零件集合的 K 个类，即 $C=\{C_1, C_2, \cdots, C_K\}$，$2 \leqslant K \leqslant n$，被分的 K 个类满足：$c_i \neq \phi$，$\cup_{i=1}^{K} c_i = P$，$c_i \cap c_j = \phi$ 且 $i \neq j$。按照指定的划分标准，应使在同一类中的零件尽可能相似，不同类中的零件有较大差异。

零件聚类问题的实质是把零件划分为几个组，每组对应一个聚类。但聚类算法对聚类成员本身有较高的差异性要求，这也增加了计算聚类成员的难度。基于遗传算法的聚类方法是利用目标函数（Jaccard 距离）将聚类问题转化为聚类成员的优化问题，充分利用了遗传算法的全局寻优能力和内在的并行性。传统的遗传聚类法是随机生成初始种群，但这忽略了聚类个体多属性的差异，增加了搜索时间，降低了聚类效果。本书采用了分组遗传算法的聚类方法，应用分组编码方案，根据零件加工所需资源的占有情况，确定初始种群，改进了初始种群的随机生成方法，使初始种群具有一定的优异性，既节省了搜索时间，又提高了聚类效果。具体的成组遗传聚类算法流程如图 3.2 所示。

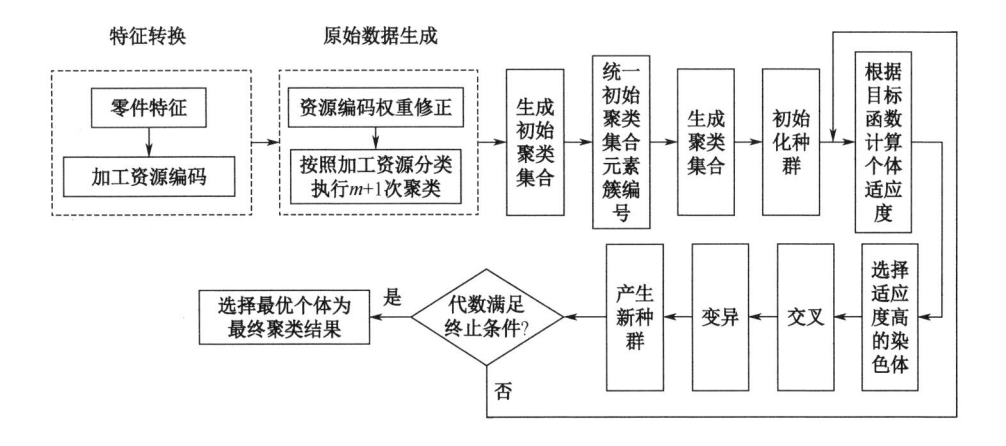

图 3.2 成组遗传聚类算法流程

◎ 3.4.1 聚类效果评价

聚类效果根据类的聚合性进行评价，较好的聚类效果是指具有最大的类间分离度和最小的类内聚合度。而聚类结果的有效性主要通过内部验证指标和外部验证指标进行验证，本书采用内部验证指标（Calinski-Harabasz index，CH index）作为成组遗传聚类算法聚类结果评价的寻优目标函数。内部验证指标定义为衡量类内部的聚合度和类外部的分离度，假设类内部的聚合度用类内数据间的距离和表示为：

$$\mathrm{tr}I(K) = \sum_{i=1}^{K} \sum_{p_j \in C_i} d^2(p_j, y_i) \qquad (3.8)$$

式（3.8）中，y_i 为第 i 个类中心，$i=1,2,\cdots,K$，p_j 为属于 C_i 类的零件，$j=1,2,\cdots,m$，

d 为 p_j 到第 i 个类中心 y_i 的距离。类外部分离度可以表示为类间距离的平方和：

$$\text{tr}O(K) = \sum_{i=1}^{K} n_i d^2(y_i, y) \tag{3.9}$$

式（3.9）中，n_i 为第 i 类零件个数（$n_1+n_2+\cdots+n_i=n$），n 为所有被分组零件的个数，y 为零件被分类的中心。设第 i 类中零件集合 $C_i=\{p_1, p_2, \cdots, p_{n_i}\}$，$0<i\leqslant K$，零件特征数为 q，考虑不同项零件特征属性权重不同，第 i 类中心 y_i 表示为：

$$y_i = (w_1 \cdot \frac{p_{11}+p_{21}+\cdots+p_{n_i 1}}{q}, w_2 \cdot \frac{p_{12}+p_{22}+\cdots+p_{n_i 2}}{q}), \cdots,$$

$$w_m \cdot \frac{p_{1q}+p_{2q}+\cdots+p_{n_i q}}{q}) \tag{3.10}$$

则 CH index 可以表示为：

$$\text{CH}(K) = \frac{\text{tr}O(K)/(K-1)}{\text{tr}I(K)/(n-K)} \tag{3.11}$$

当 CH index 的值越大时，类间的分离度越大，类内分离度越小，说明聚类效果越好。

◎ 3.4.2 目标函数

设个体的编码为 $e=[p_1,p_2,\cdots,p_n|C_1,C_2,\cdots,C_K]$，$U$ 是其相似分类矩阵，各类别的聚类中心为 $\{y_1, y_2, \cdots, y_K\}$，$\mu_i(p_j)$ 是零件 p_j 对于类 y_i 的隶属度（简写为 μ_{ji}），则目标函数 J_b 表示为：

$$J_b(U,v) = \sum_{j=1}^{n}\sum_{i=1}^{K}(\mu_{ji})^b (d_{ji})^2 \tag{3.12}$$

$$d_{ji} = d(p_j, y_i) = \sqrt{\sum_{x=1}^{q}(H_{jx} - y_{ix})^2} \tag{3.13}$$

式（3.13）中，d_{ji} 为欧几里得距离，度量第 j 个零件 p_j 与第 i 类中心点之间的距离，H_{jx} 为第 j 个零件的第 x 个特征，q 为零件的特征数。y_{ix} 为第 i 类的第 x 个特征，取值为整数 0 和 1，1 表示具有该特征，0 表示不具有该特征。b 为加权参数，取值范围是 $1 \leq b \leq \infty$。

成组遗传聚类方法就是寻找一种最佳的分类，以使该分类能产生最小的目标函数值 J_b，要求一种零件对各个聚类分组的隶属度值的和为 1，即满足

$$\sum_{i=1}^{K}\mu_i(p_j) = 1, j = 1, 2, \cdots, n \tag{3.14}$$

零件属于聚类分组的隶属度的计算公式为：

$$\mu_{ji} = \frac{1}{\sum_{i=1}^{K}\left(\dfrac{d_{ji}}{d_{li}}\right)^{\frac{2}{b-1}}} \tag{3.15}$$

零件聚类分组的聚类中心的计算公式为：

$$y_{ji} = \frac{\sum_{j=1}^{n}(\mu_{ji})^b H_{ji}}{\sum_{j=1}^{n}(\mu_{ji})^b} \tag{3.16}$$

◎ 3.4.3 分组编码

本书采用多层分组编码方式，编码中的每个个体分为两部分：$e=[P|C]$，第一部分是零件集合 P，第二部分是组集合 C。设零件集合包含 n 个基因，即表示待分组的零件数，组部分由 K 个组的标号序列组成。零件集合各基因的值为 K 个组的标号之一，表示零件属于给定标号的组。可以表示为：$e=[p_1, p_2, \cdots, p_n | C_1, C_2, \cdots, C_K]$，第 j 个零件分配到第 i 个组表示为 $p_j \in C_i$。如编码[1 1 3 2 5 4 2 1 1 3 4 2 5 3 4 1 5 2 3 4 2 1|1 2 3 4 5]表示 22 种零件聚类为 5 个组，具体划分为：$\{x_1, x_2, x_8, x_9, x_{16}, x_{22}\}$，$\{x_4, x_7, x_{12}, x_{18}, x_{21}\}$，$\{x_3, x_{10}, x_{19}\}$，$\{x_6, x_{11}, x_{15}, x_{20}\}$，$\{x_5, x_{13}, x_{17}\}$。

◎ 3.4.4 种群初始化

根据加工资源对作业切换时间的影响大小，可以将加工资源分为核心资源和一般资源。根据零件核心资源子项相同及一般资源子项相同的原则，可划分为 n 种零件，其中，核心资源包括 R_1 机器和 R_2 刀模具两项，以 $R_1, R_2, \cdots, R_m$ 各子项分别相同的原则及核心资源 R_1 和 R_2 子项同时相同的原则，形成 $m+1$ 种聚类结果作为初始种群，通过初始种群的设置可以有效地缩短搜索时间，提高搜索效率。

◎ 3.4.5 适应度函数

适应度函数是衡量个体优劣的尺度，每个个体根据式（3.12）得出 J_b 为目标函数，J_b 值越小，个体的适应度值就越大。因此，适应度函数采用排序的适应度分配函数：

$$Fint\ V = ranking(J_b) \qquad (3.17)$$

◎ 3.4.6 选择操作

选择操作指从旧群体中以一定概率选择个体到群体中，个体被选中的概率与适应度值有关，个体适应度值越大，被选中的概率越大。

◎ 3.4.7 交叉操作

交叉操作指从种群中选择两个个体，按一定概率交叉得到新个体。通过交叉操作增加个体的多样性，并且能够生成有潜在希望成为最优解的新个体，交叉操作提高了遗传算法的全局搜索能力。本章采用部分映射杂交确定了交叉操作的父代，再将父代样本两两分组。

（1）随机选择两个个体，并且在它们的组中选择两个交叉点。
（2）选中组中的第一个个体插入到后代中。

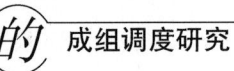

（3）如果没有分配第一个个体，则选择组中第二个个体插入到后代中。

（4）随机完成当前组中没有分配的个体。

（5）如果还有，则删除空的组。

（6）为了列举从 1 到 K 的组，修正在后代的当前组的标签。

为了满足交叉概率高的目标，给出了适当的交叉概率公式：

$$P_c(j) = P_{ci} + \frac{j}{TG}(P_{ci} - P_{cf}) \tag{3.18}$$

式（3.18）中，$P_c(j)$为第 j 代的交叉概率，TG 为算法所有代数总和，P_{ci} 和 P_{cf} 分别为初始概率值和最终概率值。

◎ 3.4.8 变异操作

变异操作包括种群中每个小概率个体的小修正，采用与组有效的变异算子避免了局部最优。为了探索新的搜索空间和避免局部收敛，本书分别采用分裂和合并两种不同的变异算子解决聚类问题。

（1）通过组分裂进行变异：它由一个选择组分裂为两个不同的组，其选择概率依靠组的规模决定。如下编码组的分裂变异，第 1 个组部分个体分裂到第 6 个组内。

1①3 2 5 4 2 1 1 1 3 4 2 5 3 4 1 5 2 3 4②1 | 1 2 3 4 5
1⑥3 2 5 4 2 1 6 1 3 4 2 5 3 4 1 5 2 3 4⑥1 | 1 2 3 4 5 6

（2）通过组合进行变异：将两个组随机地选择合并为一个组。如下编码组的合并变异，第 5 个组内部分个体合并到第 2 个和第 4 个组内。

$$1\ 1\ 3\ 2\ ⑤\ 4\ 2\ 1\ 1\ 1\ 3\ 4\ 2\ ⑤\ 3\ 4\ 1\ ⑤\ 2\ 3\ 4\ 2\ 1\ |\ 1\ 2\ 3\ 4\ 5$$

$$1\ 1\ 3\ 2\ ②\ 4\ 2\ 1\ 6\ 1\ 3\ 4\ 2\ ②\ 3\ 4\ 1\ ④\ 2\ 3\ 4\ 2\ 1\ |\ 1\ 2\ 3\ 4$$

类似于交叉概率，在此也考虑了适应度应用于分裂和合并变异算子的概率。需要注意的是，本书应用两种变异算子以串行的方式（一个接一个），应用了独立概率。在这种情况下，突变的概率小于算法的第一代，大于算法的最后一代。为了使局部搜索能有更好的进化，给出了变异概率公式：

$$P_m(j) = P_{mi} + \frac{j}{TG}(P_{mf} - P_{mi}) \qquad (3.19)$$

式（3.19）中，$P_m(j)$ 为第 j 代的变异概率，TG 为算法所有代数总和，P_{mi} 和 P_{mf} 分别为初始和最终概率值。

3.5 实例验证

◎ 3.5.1 数据生成

以某航空紧固件企业加工的 8 种零件（记为 $P_A \sim P_H$）为例，对其数控车削工序所需加工资源进行分类，见表 3.3。

表 3.3 数控车削工序加工资源分类

加工资源	机器	刀模具	夹具	加工精度	数控程序	人力资源
分类依据	型号	型号	装夹方式	级数	程序	知识水平
具体类别	机器 1	刀模具 1	方式 1	IT01	程序 1	高级
	机器 2	刀模具 2	方式 2	IT02	程序 2	中级
		刀模具 3			程序 3	初级
		刀模具 4				

由表 3.3 可知，数控车削工序所需加工资源分为 6 大类，加工资源的子类共 16 项。该 8 种零件的加工资源特征编码矩阵表示如下。

$$R_1 = \begin{bmatrix} 0 & 0 & 0 & 1 & 1 & 1 & 1 \\ 1 & 1 & 1 & 0 & 0 & 0 & 0 \end{bmatrix}^T \qquad R_2 = \begin{bmatrix} 1 & 1 & 1 & 0 & 0 & 0 & 0 & 0 \\ 0 & 0 & 0 & 1 & 0 & 0 & 0 & 0 \\ 0 & 0 & 0 & 0 & 0 & 1 & 1 & 1 \\ 0 & 0 & 0 & 0 & 1 & 0 & 0 & 0 \end{bmatrix}^T$$

$$R_3 = \begin{bmatrix} 1 & 1 & 0 & 0 & 0 & 0 & 1 & 1 \\ 0 & 0 & 1 & 1 & 1 & 1 & 0 & 0 \end{bmatrix}^T \qquad R_4 = \begin{bmatrix} 1 & 0 & 0 & 1 & 1 & 0 & 0 & 0 \\ 0 & 1 & 1 & 0 & 0 & 1 & 1 & 1 \end{bmatrix}^T \quad (3.20)$$

$$R_5 = \begin{bmatrix} 0 & 0 & 0 & 1 & 0 & 0 & 1 & 1 \\ 0 & 0 & 1 & 0 & 1 & 0 & 0 & 0 \\ 1 & 1 & 0 & 0 & 0 & 1 & 0 & 0 \end{bmatrix}^T \qquad R_6 = \begin{bmatrix} 0 & 0 & 0 & 1 & 0 & 1 & 0 & 0 \\ 0 & 0 & 0 & 0 & 1 & 0 & 1 & 1 \\ 1 & 1 & 1 & 0 & 0 & 0 & 0 & 0 \end{bmatrix}^T$$

式（3.20）中，R_1 代表机器类资源，子类有 2 项。R_2 代表刀模具类资源，子类有 4 项。R_3 代表夹具类资源，子类有 2 项。R_4 代表加工精度类资源，子类有 2 项。R_5 代表数控程序资源，子类有 3 项。R_6 代表人力资源，子类有 3 项。其中，R_1 和 R_2 是核心资源。

首先，按照零件核心资源子项相同进行分类：R_1 子项相同的零件组包括 {A,B,C}，{D,G,E,B,H}。R_2 子项相同的零件组包括 {A,B,C}，{D,G,H}。R_1 和 R_2 子项分别包括零件组 {A,F,C}，{D,G,H}。其次，按照零件一般资源的每个子项相同的原则进行零件成组，R_3 子项相同的零件组包括 {A,G,F,H}，{D,E,B,C}。R_4 子项相同的零件组包括 {A,E,B}，{D,G,F,C,H}。R_5 子项相同的零件组包括 {G,B,H}，{E,C}，{A,D,E}。R_6 子项相同的零件组包括 {D,B}，{G,E,H}，{A,F,C}。根据各加工资源项的占有情况产生这 6 种聚类结果作为初始种群。

根据式（3.7）计算基于加工资源的零件相似度，得到相似度矩阵，见表 3.4。

表 3.4　加工资源的相似度矩阵

零件编号	A	B	C	D	E	F	G	H
A	-	0.7	0.658	0.358	0.392	0.317	0.317	0.317
B	0.533	-	0.542	0.358	0.467	0.458	0.417	0.392
C	0.675	0.658	-	0.342	0.392	0.583	0.392	0.317
D	0.675	0.533	0.342	-	0.683	0.292	0.067	0.492
E	0.392	0.467	0.067	0.658	-	0.642	0.383	0.508
F	0.317	0.458	0.392	0.292	0.583	-	0.683	0.593
G	0.242	0.417	0.392	0.392	0.383	0.642	-	0.658
H	0.317	0.542	0.7	0.492	0.508	0.683	0.242	-

◎ 3.5.2　计算结果

实例验证中，分组遗传聚类算法各参数设置为：种群规模 $G=8$；最大遗传代数 $TG=100$；初始交叉概率 $p_{c_i}=0.9$；终止交叉概率 $p_{c_f}=0.7$；初始变异概率 p_{m_i} $P_{mi}=0.01$；终止变异概率 $P_{mf}=0.04$；精英保留策略中保留上一代最优个体的数目为 3。以被选中的子代和其目标函数值基本不变为停止条件。该实例中聚类对象为 8 种零件，每种零件包含 16 个属性特征值。用 3 种聚类方法进行聚类，每次聚类运行 30 次。分组遗传算法运行结果为：$\{p_A,p_B,p_C\}$，$\{p_F,p_G,p_H\}$，$\{p_D,p_E\}$。系统聚类的极小值法聚类结果为：$\{p_G,p_E,p_H\}$，$\{p_B\}$，$\{p_A,p_F,p_C\}$，$\{p_D\}$。K-means 聚类结果为：$\{p_A,p_F,p_C\}$，$\{p_D,p_G,p_E,p_B,p_H\}$。某航空紧固件企业车削工序不同加工资源所需的作业切换时间见表 3.5。为了方便计算，设同一加工资源项的所有子项资源所需作业切换时间相同，假设加工时间为常量，且不随聚类结果变化而变化，8 种零件的总加工时间为 20 分钟，假设每小时生产成本为30元。当需要相同加工资源的零件安排为紧邻作业时，后一个零件将抵消相同加工资源的作业切换时间。

$$单位成本 =（作业切换时间+加工时间）(\min) \times \frac{小时生产成本}{60} \quad (3.21)$$

表3.5　某航天紧固件企业车削工序不同加工资源所需的作业切换时间表/分钟

R_1	R_2	R_3	R_4	R_5	R_6
30	30	10	10	10	10
30	30	10	10	10	20
		30		10	30
	30				

根据花费的作业切换时间和单位成本，进行了聚类效果比较，具体结果对比见表3.6。

表3.6　结果对比

聚类方法	聚类结果	∑作业切换时间/分钟	单位成本/元
分组遗传算法	$\{p_A, p_B, p_C\}, \{p_F, p_G, p_H\}, \{p_D, p_E\}$	370	195
系统聚类	$\{p_G, p_E, p_H\}, \{p_B\}, \{p_A, p_F, p_C\}, \{p_D\}$	440	230
K-means	$\{p_A, p_F, p_C\}, \{p_D, p_G, p_E, p_B, p_H\}$	470	245

8种零件按顺序依次加工，即$\{p_A, p_B, p_C, p_D, p_E, p_F, p_G, p_H\}$，根据表3.5和编码矩阵式（3.20）可计算其作业切换时间总和为720分钟，单位成本为370元。分组遗传聚类结果比按零件顺序加工的总作业切换时间减少了350分钟，减少比例为48.6%，单位加工成本减少了47.3%；分组遗传算法的聚类结果比系统聚类结果的总作业切换时间减少了70分钟，减少比例为15.9%，单位加工

89

成本减少了 15.2%；分组遗传算法的聚类结果比 K–means 聚类结果的总作业切换时间减少了 100 分钟，减少比例为 21.3%，单位加工成本减少了 20.4%。分析数据说明本章提出的基于加工资源相似的零件聚类分组遗传算法具有很好的聚类效果，能够有效缩短单件小批量零件生产的作业切换时间，还能够有效降低产品的生产成本。因此，该方法适合小批量、多品种的生产模式。

3.6 本章小结

本章针对 C2M 生产模式中的频繁切换需要作业切换时间的问题，提出了基于加工资源相似的零件聚类分组遗传算法。对不同种类零件加工中所需的加工资源进行编码，采用 Jaccard 系数计算零件间的相似度矩阵，由于核心加工资源和一般加工资源的权重不同，通过分组遗传算法确定零件的分类成组。根据某航空紧固件企业车削工序的不同加工资源的作业切换时间，分别对比了分组遗传聚类方法与按照零件顺序加工、系统聚类方法和 K–means 聚类方法的总作业切换时间和单位成本，结果显示本章提出的方法有效地缩短了作业切换时间，降低了单位成本，提高了生产效率。

4 基于 EDD-SDST-ACO 启发规则的最优作业切换单机成组调度研究

基于 EDD-SDST-ACO 启发规则的最优作业切换单机成组调度研究 4

4.1 引言

传统的车间调度研究要么忽略不计作业切换时间,要么将作业切换时间包含在工件加工时间内,要么认为作业切换时间是独立于工件加工顺序固定不变的。研究加工顺序依赖作业切换时间的单机调度问题对于现代制造业具有重要意义。实际上,因为不同种类工件受不同加工资源的影响,所以加工顺序依赖作业切换时间。作业切换时间的调度问题分为排序独立于作业切换时间和排序依赖作业切换时间。应用蚁群算法解决了排序依赖作业切换时间的单机调度问题 $1|S_{ij}|\sum w_j T_j$,研究了蚁群算法的几个特征,包括对初始信息素参数设置和局部搜索时间的调整等。Gagne 比较了蚁群算法和其他规则在解决单机调度问题时的不同,在研究单机调度问题中考虑了作业切换时间,说明作业切换时间对工件的完工时间和拖延时间有明显的影响。Kirlik G 等人提出了一种变邻域搜索(GVNS)启发式算法,用以解决排序依赖作业切换时间的最小化带权重总拖延单机调度问题。Liao,C.等人研究了排序依赖作业切换时间及最小化带权重总拖延的单机调度问题,提出了一个蚁群优化(ACO)算法来解决这类问题。LEE.Y.H 等人提出了一个三阶段启发式算法,能够有效寻找排序依赖作业切换时间的最小化总加权拖延单机调度的最优解。K1r,S.等人研究了满足可变交货期、提早/拖延惩罚成本、排序依赖作业

切换时间的单机调度问题,以最小化总惩罚成本和客户满意度为优化目标,分别采用禁忌算法和遗传算法来寻找最优解。Naderi,B 等人以最小化总完工时间为目标,研究了排序依赖作业切换时间的单机调度问题,通过模拟退化算法建立了一个有效的元启发式算法。Yin.N,L.等人考虑了拥有退化工作、学习效应、加工时间与资源相关的单机成组调度问题,假定每个工件组内的工件数量相同,证明可以用一个多项式时间算法解决最小化加权完工时间和总资源消耗问题。Xu,H.等人为了解决与顺序依赖作业切换时间有关的单机调度问题,提出了一种系统的混合进化算法,该算法独立应用三种交叉算子的六种组合及两种群更新策略。

  以上主要研究了排序依赖作业切换时间的单机调度问题,主要以最小化总完工时间、最小化总提早/拖延为优化目标,通过智能算法进行问题求解。这也说明越来越多的学者已经开始重视车间调度问题中的作业切换因素。随着问题大规模的扩大,智能算法求解效率和求解质量会受到一定的影响。

  因此,本章应用成组技术对优化作业切换的单机调度问题进行研究,以最小化总拖延为优化目标,提出以交货期最早(Earliest Due Date,EDD)优先规则,排序依赖作业切换时间(SDST)和蚁群算法(Ant Colony Optimization,ACO)混合的启发式规则,即以 EDD-SDST-ACO 启发规则进行问题求解。

基于 EDD-SDST-ACO 启发规则的最优作业切换单机成组调度研究 4

4.2 问题描述

基于成组技术的最优作业切换的单机调度问题可以分两阶段进行描述。假设有 n 项工件需要在一台机器上加工，n 项工件根据所需加工资源相似性成组为 G 个工件组，第 i 个工件组包含 n_i($n_1+n_2+\cdots+n_G=n$)项工件，$n_i \geqslant 2$。J_{ir} 表示第 i 个工件组中的第 r 项工件，$J_i=(J_{i1},J_{i2},\cdots,J_{ir},\cdots,J_{in})$ 表示第 i 个工件组的工件集合，b_{ir} 表示第 i 个工件组中的第 r 项工件的加工批量集合，$b_{ir}=(b_{i1},b_{i2},\cdots,b_{ir},\cdots,b_{in})$，则第 i 个工件组中第 r 项工件的加工时间记为 $p_{ir} \times b_{ir}$。假设有 n 项工件同时到达车间，即所有工件都可以在 $t=0$ 时开始准备加工，且每个工件在机器上只能加工一次，机器上加工同组工件时不能被打断。第 i 个工件组的加工时间为 p_i，工期为 d_i，作业切换时间为 S_{ij}，表示工件组 i 加工结束到工件组 j 开始加工的切换时间。设 π 为加工工件组的一种排序，$\pi=[\pi(0),\pi(1),\cdots,\pi(n),]$，$\pi(k)$ 为第 k 组工件的加工位置，$\pi(0)$ 为虚拟的工件组位置，排在第一位加工工件组的作业切换时间设为 S_{0i}，$S_{0i} \neq 0$。优化目标为最小化总拖延时间，应用三参数法表达为 $1/S_{ij}/\sum T_i$。在本节中，SMS-SDST 的目标是最小化总拖延时间，即最小化 $\sum T_i$，工件组内的工件根据最短加工时间优先规则排序。

假设有 5 个工件组需要在机器 M 上加工，初始加工排序如图 4.1（a）所示，优化加工排序如图 4.1（b）所示。

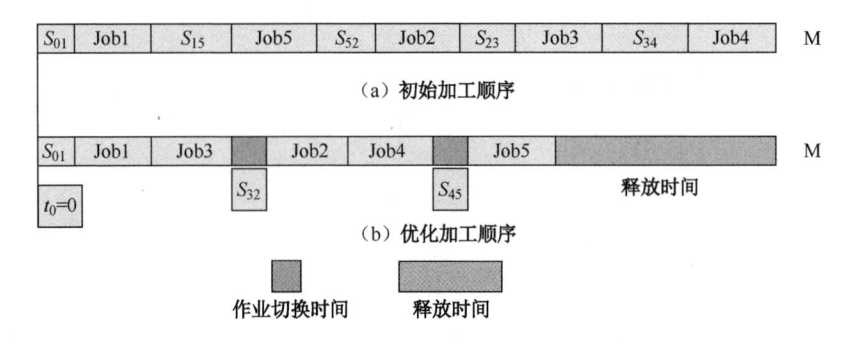

图 4.1 基于作业切换时间的单机调度示意图

假设 5 个工件组初始加工顺序 $\pi(X)=\{1,5,2,3,4\}$，如图 4.1（a）所示，S_{ij} 表示工件组 i 和工件组 j 紧前紧后加工顺序的作业切换时间，该时间与加工顺序相关。排在第一位工件组的作业切换时间默认为 0，即 $S_{0i}\neq 0$，i=1,2,3,4,5。最优加工顺序为图 4.1（b）所示，$\pi(X')=\{1,3,2,4,5\}$，可以看出工件 1 和工件 3 聚类为一组，之间的作业切换时间可以视为 0；工件 2 和工件 4 聚类为一组，之间的作业切换时间可以视为 0。优化加工顺序的释放时间，说明考虑了作业切换时间的工件组优化排序明显地缩短了完工时间，减少了工件拖延时间。

4.3 模型构建

设 G 个工件组的加工顺序为 $\pi(k)=\{\pi_1,\pi_2,\cdots,\pi_G\}$，则排序 $\pi(k)$ 的完工时间表示为：

$$C_{\pi(k)} = \sum_{l=1}^{k}(S_{\pi(l-1)\pi(l)} + p_{\pi(l)}) \tag{4.1}$$

工件组 i 的加工时间表示为：

$$p_i = \sum_{r=1}^{n_i} p_{ir} \times b_{ir}, i=1,2,\cdots,n_G \tag{4.2}$$

排序 $\pi(k)$ 的拖延时间表示为：

$$T_{\pi(k)} = \max\{C_{\pi(k)} - d_{\pi(k)}, 0\} \tag{4.3}$$

目标函数为：

$$\text{minimize} \sum T_{\pi(k)} \tag{4.4}$$

约束条件为：

$$\sum_{i=1}^{n} x_i = 1 \tag{4.5}$$

$$\sum_{\substack{i=0\\i\neq h}}^{n} y_{ih} - \sum_{\substack{j=0\\j\neq h}}^{n} y_{hj} = 0, h=1,2,\cdots,n \tag{4.6}$$

$$\sum_{j=1}^{n} y_{ij} \leqslant x_i, i \neq j, \ i = 1, 2, \cdots, n \tag{4.7}$$

$$\sum_{i=0}^{n} y_{ij} = x_j, i \neq j, \ i = 1, 2, \cdots, n \tag{4.8}$$

$$\sum_{j=1}^{n} y_{0j} = 1 \tag{4.9}$$

$$C_j \geqslant C_i + p_j + s_{ij} + Q \cdot (y_{ij} - 1), i, j = 1, 2, \cdots, n, i \neq j \tag{4.10}$$

$$p_{i(r-1)} \times b_{i(r-1)} \leqslant p_{ir} \times b_{ir} \leqslant p_{i(r+1)} \times b_{i(r+1)}, i = 1, 2, \cdots, n_G; r = 2, 3, \cdots, n_i \tag{4.11}$$

式（4.1）表示工件组的完工时间。式（4.2）表示工件组的加工时间，p_{ir} 表示第 i 种工件的加工时间，b_{ir} 表示第 i 种工件的批量。式（4.3）表示工件组的拖延时间。式（4.4）是以最小化总拖延时间为目标函数。式（4.5）表示工件组只能安排在机器上加工一次。式（4.6）和式（4.7）表示每个工件组都是紧前和紧后加工，假设排在第一位工件组紧前有一个虚拟工件，其加工时间为 0，工期为 0。式（4.8）说明机器上存在初始作业切换时间。式（4.9）表示至少有一个工件组安排在第一位加工。式（4.10）表示考虑作业切换时间的前任工件组和后续工件组的完工时间。式（4.11）表示工件组内排序考虑了工件的批量，根据 SPT（shortest processing time first）规则进行组内排序。

4.4　EDD-SDST-ACO 启发式规则

传统智能算法的初始种群是随机生成的，这增加了搜索时间。为了提高搜索效率，缩短工期和按时交付是提高算法的搜索效率和收敛能力的两个重要的影响因素。本章结合 EDD-SDST 规则和 ACO 算法来解决这个问题。首先，考虑工期最短的工件优先排序，其次，考虑作业切换时间最小的工件进行排序，将其作为可行解的初始种群，最后，应用 ACO 算法进行邻域和全局搜索寻优。

EDD-SDST-ACO 算法关系模型如图 4.2 所示。

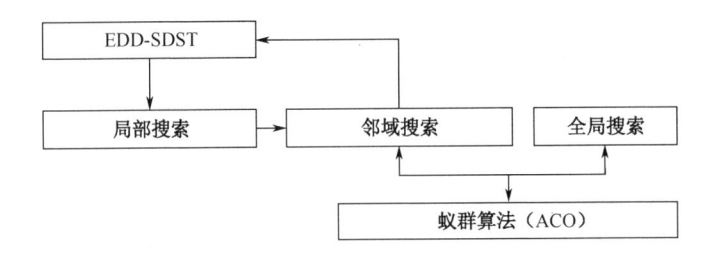

图 4.2　EDD-SDST-ACO 算法关系模型

EDD-SDST-ACO 算法的规则如下所述。

（1）n 为等待加工的工件数。

（2）假设所有工件同时到达。根据 EDD 优先规则，将工期最短的工件安

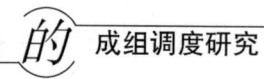

排在第一位加工，其作业切换时间为 S_{01}。

（3）选择连续相邻工件。根据最小的作业切换时间，如果出现多个相同作业切换时间的相邻工件，则选择短的交货期工件紧后加工。这种规则持续到所有工件被排序。

（4）生成初始工件顺序后通过蚁群算法进行优化。

假设 m 为蚂蚁数量，n 为工件种类，$S_{ij}(i,j=1,2,\cdots,n)$ 为两个相邻加工位置 i 和 j 的作业切换时间，$S_{ij}=S_{ji}$。

◎ 4.4.1 蚁群算法

蚁群算法（Ant Colony Optimization，ACO）是 Dorigo M 等人于 1991 年提出的。通过研究蚂蚁走过的路径上发现了信息素（Pheromone），这是蚂蚁释放出的一种特有分泌物，该分泌物在一定范围内对其他蚂蚁的行为有影响。当一些路径上的蚂蚁越来越多，说明其留下的信息素轨迹（Trail）也越来越多，路径上的信息素浓度也不断增大。当然该信息素浓度会随着时间的变化而减弱。ACO 算法是根据大自然中蚂蚁的觅食行为衍生出的仿生类算法，它的正反馈性和协同性可用于分布式系统，隐含的并行性具有极强的发展潜力。ACO 算法具有的自组织性使算法具有很好的稳健性。ACO 算法通过其内在的随机搜索机制，在解决旅行商问题（TSP）和二次分配问题（QAP）时取得了成效，目前也逐渐用于解决生产工件排序、车辆调度等问题。蚁群算法的主要特性有以下几方面。

基于EDD-SDST-ACO启发规则的最优作业切换单机成组调度研究

（1）自然界中的蚂蚁在觅食过程中总是选择信息素浓度最大的路径，即寻找最短路径，因此，蚁群算法中的蚂蚁群体的每只蚂蚁会寻找最小费用可行解。

（2）每只蚂蚁具有记忆功能，可自发地存储其当前路径的信息，这种记忆的路径可用于构造可行解，并且评价解的质量及路径反向追踪。

（3）当前状态的蚂蚁可移动至可行邻域中的任一点。

（4）可以给种群中的每只蚂蚁赋予一个初始状态，但可以有一个或多个终止条件。

（5）蚂蚁从初始状态出发移至可行邻域状态，以递推方式构造解，当至少有一只蚂蚁满足至少一个终止条件时，构造解的过程停止。

（6）蚂蚁按某种决策规则移至邻域节点，一般情况下，蚂蚁选择信息素浓度最大的路径的概率较大，即选择信息素浓度最大的路径的蚂蚁数量也最多。

（7）当蚂蚁移至邻域节点时，信息素轨迹被更新，该过程称为在线单步信息素更新。

（8）一旦构造出一个解，蚂蚁沿原路反向追踪，更新其信息素轨迹，该过程称为在线延迟信息素更新。

当然，蚁群算法也会出现群体迷失现象，主要包括初始信息素浓度差异和蚂蚁移动速度差异造成的迷失现象。由正反馈性和初值敏感性知，初值信息素浓度大的路径起到带头作用，如果一开始使长路径有较大的信息素浓度，就会导致较多蚂蚁选择该路径，并由于正反馈的作用使长路径的信息素浓度增加得最快，导致大多数蚂蚁迷失在长路径上，因此，不同的初始信息素浓度对优化结果有一定的影响。对于因蚂蚁移动速度差异造成的迷失现象，通过每只蚂蚁释放的信息素浓度与其在单位时间内走过的距离长度反比来消除移动速度差异的影响，即在单位时间内，移动速度快的蚂蚁释放信息素的浓度小于移动速度慢的蚂蚁释放信息素的浓度。

◎ 4.4.2　工件组排序

在遍历需要加工的工件组的过程中，要考虑工件组之间的作业切换时间和工件组的工期约束，选择 EDD 优先规则和 SDST 规则，得到工件组加工顺序。单机工件组排序阶段构建解序列的过程中，采用伪随机比例的状态转移规则来选择下一步要加工的工件组 j_k，规则由式（4.12）给出。

$$j_k = \begin{cases} \arg\max\{[\tau_{ij}(t)]^\alpha \cdot [\eta_{ij}]^\beta\} & q \leqslant q_0, q \in [0,1], j \in \text{allowed} \\ J(\text{工件组集合}) & \text{其他} \end{cases} \quad (4.12)$$

式中，j_k 为编号为 k 的蚂蚁所选中的下一个工件组 j，$q \in [0,1]$ 的一个随机变量，$q_0 \in [0,1]$ 的常数，$\tau_{ij}(t)$ 表示 t 时刻工件组 i 与工件组 j 之间的信息素，η_{ij} 表示工件组 i 与工件组 j 之间的启发式因子，$\eta_{ij}(t)=1/C_{k-i,i}$。在选择下一个工件组之前先进行一次随机试验得出 q，如果 $q \leqslant q_0$，则从工件组 i 到所有可行的工件组中找出 $[\tau_{ij}(t)]^\alpha [\eta_{ij}]^\beta$ 最大的工件组，即为下一个要选择的工件组。如果 $q > q_0$，则按照式（4.13）选择下一个工件组。

基于EDD-SDST-ACO启发规则的最优作业切换单机成组调度研究 4

$$P_{i,j}^k(t) = \begin{cases} \dfrac{\left[\tau_{ij}^k(t)\right]^\alpha \times \left[\eta_{ij}^k\right]^\beta}{\sum\limits_{s \in J_k(i)} \left[\tau_{is}^k(t)\right]^\alpha \times \left[\eta_s^k\right]^\beta}, & \text{若} s \in J_k(i) \\ 0, & \text{其他} \end{cases} \quad (4.13)$$

式中，$P_{i,j}^k(t)$ 表示 t 时刻蚂蚁 k 从第 i 个工件组位置游历到第 j 个工件组位置的概率，与 τ_{ij}，η_{ij} 成正比，$J_k(i)$ 表示蚂蚁 k 当前第 i 个可行工件组集合；$\tau_{ij}(t)$ 表示 t 时刻在第 i 个工件组位置和第 j 个工件组位置连线上的信息素水平。假设在初始时刻每条路径上具有相同的信息素浓度，令 $\tau_{ij}(0)=\tau_0$，τ_0 为常数。各条路径上的信息素浓度决定了蚂蚁 $k(k=1,2,\cdots,m)$ 的转移方向，即按照 η_{ij} 大小，从 $J_k(i)$ 中随机选取一个工件添加到已排序的部分工件集之后，直至 $J_k(i)$ 为空。

◎ 4.4.3 工件组内排序

第3章中根据工件所需加工资源的相似性进行了零件聚类成组，将单件、小批量工件聚类为中、大批量的工件组进行加工。按照工件组安排生产时，需要考虑工件的批量、工件的到达时间、加工时间、工期和优先度等约束的影响，可以按照一定的规则对工件组进行分割，称之为运行（run）。设同一运行内工件的达到时间、工期相同。工件组内排序实际上分为两个阶段，一个阶段是对工件组内的运行进行排序，另一个阶段是对运行内的工件进行排序。最短加工时间（Short Process Time，SPT）优先规则是优先安排加工时间短的工件进行加工，该加工时间的值为单件加工时间与批量的乘积，尽量减少其完工时间对后续工件完工时间的影响。对于工件到达时间集中且加工时间差别较大时，采用 SPT 优化规则能够获得高质量的最优解。由于本书研究的实际产品到达时间比较集中，因此假设工件同时到达，可采用 SPT 优先调度规则进行工件组内排序。

◎ 4.4.4 信息素更新策略

将遗传算法中排序的概念应用到蚁群算法中，就提出基于排序的蚂蚁系统（Rank-based Version of Ant System）。当蚁群中每只蚂蚁移动生成一条路径后，蚂蚁按照其产生的路径长度进行排序（$L_1 \leqslant L_2 \leqslant \cdots \leqslant L_m$），生成路径短的蚂蚁排在前面，对蚂蚁的排名 μ 的位次进行加权以确定该蚂蚁对信息素浓度的更新贡献情况，只考虑前 z 只生成路径较短的蚂蚁。本章采用两种信息素更新策略，避免算法陷入局部收敛，保证算法向全局最优解方向搜索，更新策略具体表达如下。

策略一：

当蚁群算法没有陷入局部收敛时，采用全局更新和局部更新相结合的策略。按照式（4.14）更新该代最优路径 l 上的信息素：

$$\tau_{ij} = (1-\rho_0)\tau_{ij} + \Delta\tau_{ij} \tag{4.14}$$

式中，$\Delta\tau_{ij} = Q_0/L$，L 为路径 l 的长度。根据式（4.14）更新蚂蚁遍历路径上的信息素。

基于EDD-SDST-ACO启发规则的最优作业切换单机成组调度研究

策略二：

（1）当算法陷入局部收敛时，首先要计算除最优蚂蚁路径 k 外其他蚂蚁遍历路径上的信息素增加量：

$$\Delta \tau_{ij} = \sum_{k=1}^{\sigma-1} \Delta \tau_{ij}^k, \Delta \tau_{ij}^k = Q_0/L_k, k=1,\cdots,l-1,l+1,\cdots,\sigma-1 \qquad (4.15)$$

（2）计算蚂蚁 k 经过的路径上信息素增加量：

$$\Delta \tau_{ij}^{(k)} = \Delta \tau_{ij}^k, \Delta \tau_{ij}^k = -Q_0 \times (n-n_0)/L_k \qquad (4.16)$$

（3）更新除蚂蚁 k 外其他蚂蚁经过路径上的信息素：

$$\tau_{ij} = (1-\rho_0)\tau_{ij} + \Delta \tau_{ij} \qquad (4.17)$$

（4）更新蚂蚁 k 经过路径上的信息素：

$$\tau_{ij}^{(k)} = (1-1-\frac{1-\rho_0}{n-n_0}))\tau_{ij}^{(k)} + \Delta \tau_{ij}^{(k)} \qquad (4.18)$$

式中，ρ 为信息素挥发系数，$0<\rho<1$；τ_0 为信息素初始值。$\Delta \tau_{ij}$ 为 $\sigma-1$ 只蚂蚁的信息素浓度的更新，该值根据蚂蚁在搜索工件组 (i,j) 之间的排名确定。本次循环中，路径 (i,j) 上初始时刻的信息素浓度增加量为 $\Delta \tau_{ij}=0$；$\Delta \tau_{ij}^k$ 为在本次循环中第 k 只蚂蚁留在路径 (i,j) 上的信息素浓度更新值。当算法陷入局部收敛时，陷入局部最优解路径上的 Q 可以表示为 $Q=-Q_0\times(n-n_0), \rho=1-\frac{1-\rho_0}{n-n_0}$。

因此，当算法陷入局部收敛越深，即 n 越大，则 Q 越小，ρ 越大，这样能使局部最优解路径上的信息素浓度快速降低，而其他路径上的信息素浓度继续积累增加，最终降低了局部最优解路径与其他路径上的信息素浓度差距，避免算法陷入局部收敛，最终获得全局最优解。

本章采用 Ant-Cycle 模型计算蚂蚁路径上的信息素。

$$\Delta \tau_{ij}^k = \begin{cases} (\sigma-k)Q/Z_k, & \text{若第}k\text{只精英蚂蚁经过路径}(i,j) \\ 0, & \text{其他} \end{cases} \quad (4.19)$$

$$\Delta \tau^* = \begin{cases} \sigma \cdot Q/Z^*, & \text{若路径}(i,j)\text{是所找出的最优解的一部分} \\ 0, & \text{其他} \end{cases} \quad (4.20)$$

式中，k 为精英蚂蚁的排列顺序号，$\Delta \tau_{ij}^k$ 表示第 k 只精英蚂蚁所引起的路径(i,j)上的信息素浓度的更新值，Q 表示信息素强度，其在一定程度上影响算法的收敛速度；Z_k 为第 k 只蚂蚁在本次循环中找出最优解的路径长度，$\Delta \tau_{ij}^*$ 表示由精英蚂蚁引起的路径(i,j)上的信息素浓度的增量，精英蚂蚁的数量为 σ，最优解的路径长度表示为 Z^*。

◎ 4.4.5　EDD-SDST-ACO 算法流程

Step1：首先，构造一个动态数组 n_Node array 记录蚂蚁下一步可以搜索的节点信息，该数组包括工件组编号（job group_number）和工件编号（job_number）。其次，定义一个数组 n_job group array，记录各工件属于哪个工件组的信息，包括工件组的工期，工件组之间的作业切换时间，以及工件的加工时间和批量。最后，再定义一个二维数组 n_job ant[][]，记录每只蚂蚁爬行的路径信息，第一维度为蚂蚁编号，第二维度为工件组编号和工件编号，该数组的元素为动态数组 n_ant array，记录了所有加工工件的

基于EDD-SDST-ACO启发规则的最优作业切换单机成组调度研究 4

信息，包括工件组编号、工件编号、工件组工期、加工开始时间、结束时间和作业切换时间。

Step2：如果蚂蚁爬行第一步，则随机从动态数组 n_Node array 中选择一个工件，从二维数组 n_job group array 中选择工期最短和作业切换时间最小的工件组进行加工，将选择的结果保存在数组 n_job ant[][]中，并将数组 n_Node array 中对应工件的工件组编号加 1。如果不是第一步，则先为各工件选择工件组，依据工期相同和加工所需资源相似度高进行选择。在确定了各工件所在的工件组条件后，再根据蚂蚁转移规则选择工件。将选择的结果保存到 n_job ant[][]中，并将 n_Node array 中对应工件的工件组编号加 1。重复 Step2 直至所有蚂蚁爬行完毕。

Step3：当所有蚂蚁爬行完后，更新该代蚂蚁爬行路径上的信息素。采用两种不同的信息素更新规则判断该代最优蚂蚁搜索解是否陷入局部收敛，有利于算法的全局收敛。如果本代最优解优于历史最优解，则替代最优解，最后代数加 1，转至 Step4；如果没有达到规定代数，则转至 Step2。

Step4：输出最优解，算法结束。

EDD-SDST-ACO 算法的具体流程如图 4.3 所示。

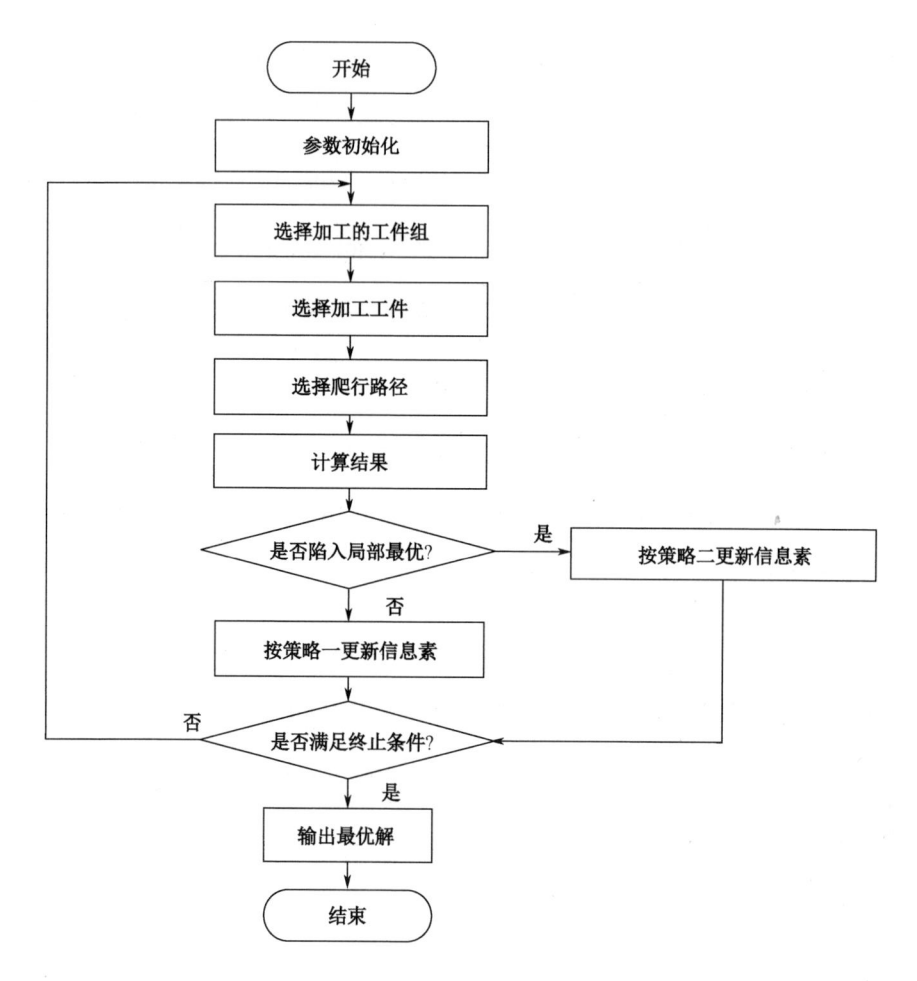

图 4.3　EDD-SDST-ACO 算法的流程图

4.5 EDD-SDST-ACO 启发式规则有效性验证

◎ 4.5.1 数据生成

在本节中,为了评估调度方案,分别试验了工件数量为 10、20 和 30 三种情况。相关因素和取值见表 4.1。

表 4.1 因素和取值

因　　素	取　　值
工件数(N)	10、20 和 30
加工时间(p_i)	$U(1,100)$
作业切换时间(s_{ij})	$U(0,100)$
工期(d_i)	$U(1,500)$

◎ 4.5.2 参数设置

1. 信息素挥发系数

蚂蚁具有类似于人类的记忆功能,随着时间推移,爬行路径上留下的信息素会慢慢挥发减少，用参数ρ表示信息素挥发程度，即信息素挥发系数。蚁群算法存在收敛速度慢、易于陷入局部最优等缺点，ρ取值大小直接影响了ACO算法的全局搜索能力及收敛速度。解决较大规模问题时，当ρ取值过小时，会使那些从未被搜索到的路径上的信息素减少到近似为0，大大降低了ACO算法的全局搜索能力；而当ρ过大时，之前搜索过的路径被重复选择的可能性增大，也会影响算法的随机性能和全局搜索能力。总之，通过缩小ρ可以提高算法的随机性能和全局搜索能力，会使算法的收敛速度降低。

2. 蚂蚁数量

蚁群算法根据多个候选解组成的群体进化过程来寻求最优解。搜索过程中蚁群的行为复杂有序，个体之间的信息交流能力与相互协作能力起到关键作用，这依靠蚁群个体的自适应能力和群体协作能力。一个可行解可以表示为单只蚂蚁在一次循环中所经过的路径，可行解的子集可以表示为m只蚂蚁在一次循环中所经过路径的集合，子集随着蚂蚁数量的增大而增大，蚂蚁数量越多，越可以提高算法的稳定性和全局搜索能力。然而随着蚂蚁数量增大，会导致大量曾经被搜索过的路径上的信息素浓度更新和平均化，弱化了信息正反馈的作用，加强了随机搜索的能力，但是也减慢了收敛速度。反之，蚂蚁数量较少时，特别是在解决较大规模问题时，会使那些从未被搜索到的路径上信息素浓度减少到近似为0，减弱了随机搜索的能力，加快了收敛速度，但是降低了算法的全局性能及算法的稳定性，容易发生过早停滞的现象。

3. 启发式因子

启发式因子包括信息启发式因子和期望值启发式因子，分别用 α 和 β 表示。其中，α 表示蚂蚁爬行中积累的信息素 $\tau_{ij}(t)$ 对蚁群中其他蚂蚁行为的影响程度，β 表示蚂蚁在爬行中的期望值 η_{ij} 对蚁群中其他蚂蚁行为的影响程度。蚂蚁选择以往走过路径的可能性会随着 α 值的增大而增大。当 α 值过大则容易陷入局部收敛。蚂蚁在路径局部点上选择局部最短路径的可能性会随着 β 值的增大而增大，虽然加快了搜索的收敛速度，但也减弱了蚁群在最优路径上搜索过程中的随机性，容易陷入局部收敛。要提高算法的全局寻优性能，必须增强蚁群搜索过程的随机性；要提高算法的收敛性能，必须要提高蚁群搜索过程的确定性。因此，信息启发式因子和期望值启发式因子相互作用以优化算法性能。

根据算法参数的影响特性，本章选取了 5 个因素进行优选，分别为 α, β, ρ, Nuts 和 Iter_max，其中，α 为信息素重要程度因子，β 为启发函数重要程度因子，ρ 为信息素挥发系数，Nuts 为蚂蚁数量，Iter_max 为最大迭代次数。每个参数有 4 个水平。具体参数和水平见表 4.2。根据参数个数和水平，选用 $L_{16}(4^5)$ 进行正交仿真试验，16 表示仿真实验次数，4 表示参数的水平数，5 表示参数的数量。仿真运行时，取工件数为 10，初设蚁群数 Nuts=50，迭代次数 Iter=100，信息素初始值 τ_0=10，其他相关数据随机生成，每种参数组合运行 20 次，取其平均值。根据望小型信噪比确定最优参数组合。试验设计数据见表 4.3。

表 4.2 参数和水平

水平	参数				
	α	β	ρ	Nuts	Iter_max
1	0.5	2	0.3	10	50
2	1	3	0.5	20	80
3	2	4	0.7	30	120
4	4	5	0.9	50	150

表 4.3 试验设计数据

运行编号	控制因素					结果	
	α	β	ρ	Nuts	Iter_max	优质解	运行时间（s）
1	0.5	2	0.3	10	50	1 249	4.2
2	0.5	3	0.5	20	80	1 197.7	5.6
3	0.5	4	0.7	30	120	1 238.9	7.8
4	0.5	5	0.9	50	150	1 225	9.2
5	1	2	0.5	30	150	1 200.3	31.6
6	1	3	0.3	50	120	1 229.4	33
7	1	4	0.9	10	80	1 228	6.7
8	1	5	0.7	20	50	1 260.4	7.4
9	2	2	0.7	50	80	1 182.5	22.7
10	2	3	0.9	30	50	1 245.8	101.9
11	2	4	0.3	2	150	1 166.9	17.1
12	2	5	0.5	10	120	1 182	8.6
13	4	2	0.9	20	120	1 222.1	14.2
14	4	3	0.7	10	150	1 151.9	9.7
15	4	4	0.5	4	50	1 240.5	14.7
16	4	5	0.3	3	80	1 206.6	15

田口设计方法可以把产品的稳健性设计应用到产品制造过程中，通过控制源头质量来减少下游生产或客户使用中的噪声和不可控因素的干扰。采用

基于 EDD-SDST-ACO 启发规则的最优作业切换单机成组调度研究

信噪比（SNR）作为参数优化的依据，信噪比是因变量的均值（期望）/方差，信噪比值越大表示方差越小，则噪声因子的效应越小，一致性越好，即参数设置越优，能够以最少的实验次数确定最佳的参数组合选出最优设计方案。根据目标函数，信噪比可以表示为望大型、望小型和望目型。

本章根据目标函数选择了望小型。

$$\text{SNR} = -10\lg \frac{1}{n} \cdot \sum_{i=1}^{n} (\text{目标函数})^2 \qquad (4.17)$$

信噪比主效应图、均值主效应图、标准差主效应图如图 4.4、图 4.5、图 4.6 所示。信噪比响应表、均值响应表、标准差响应表见表 4.4、表 4.5 和表 4.6。

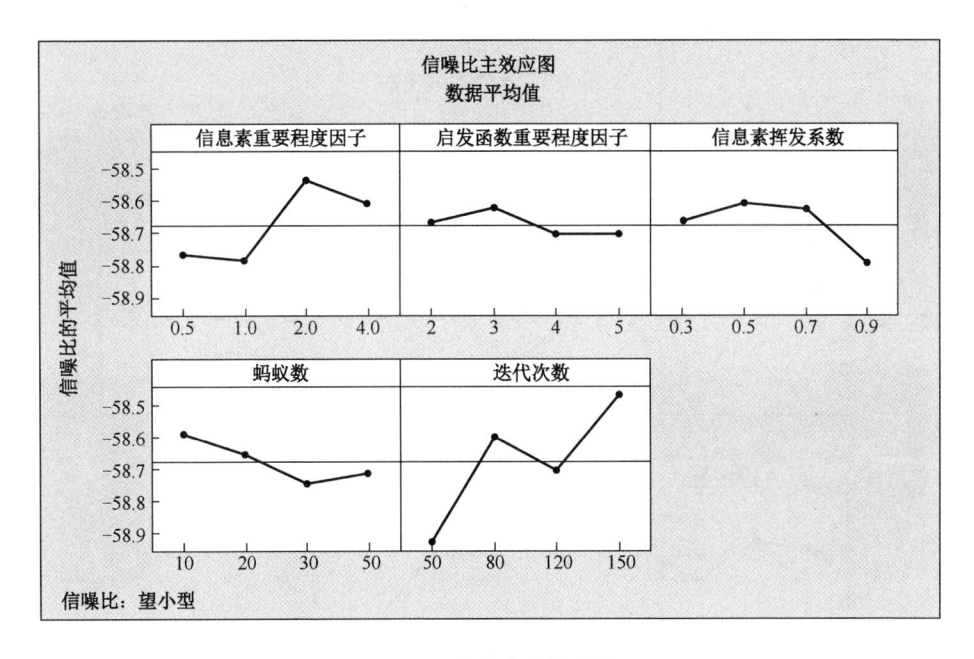

图 4.4 信噪比主效应图

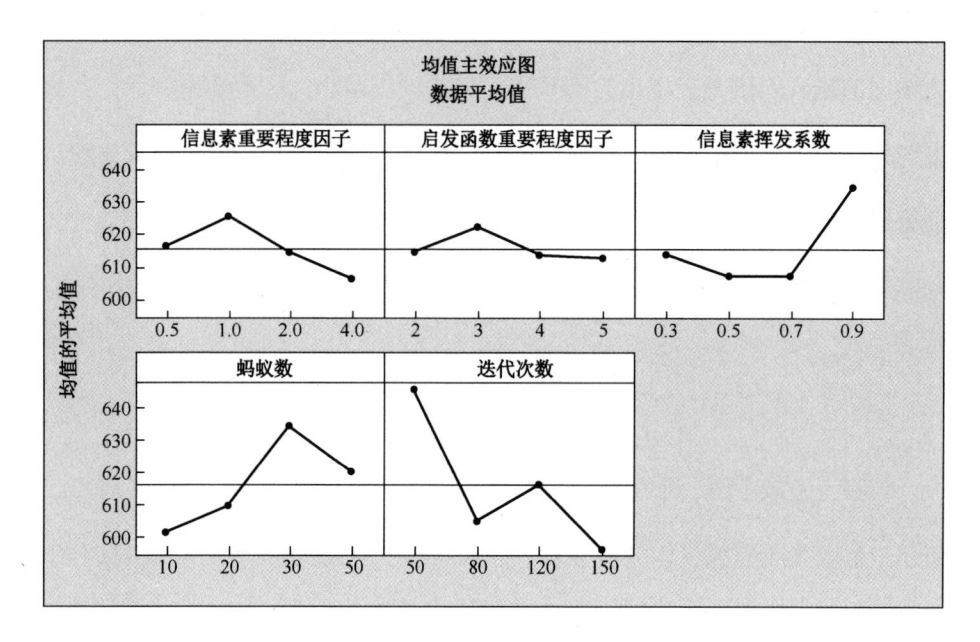

图 4.5　均值主效应图

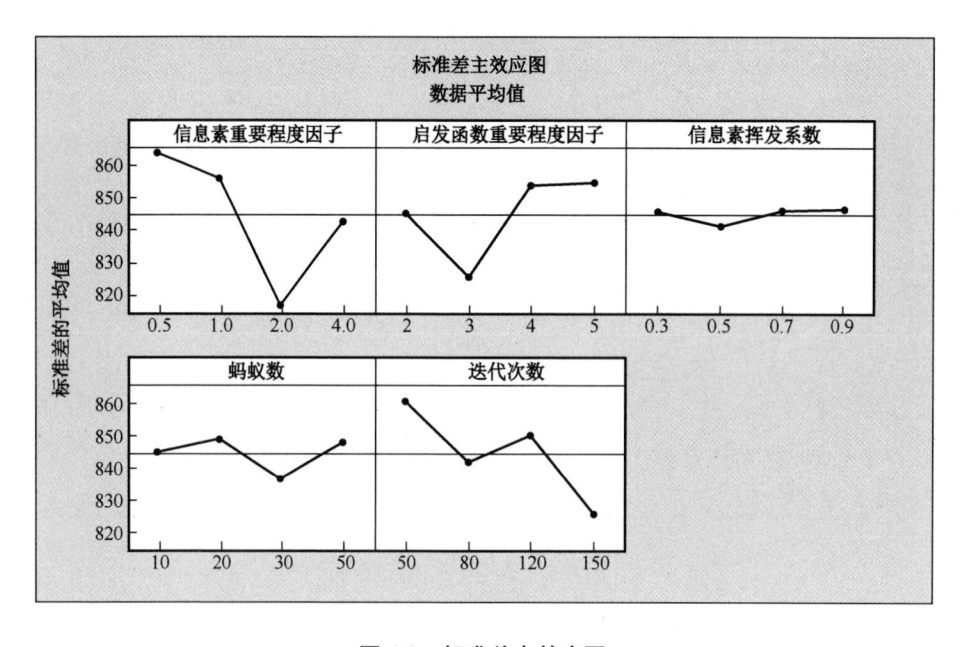

图 4.6　标准差主效应图

表 4.4　信噪比响应表

Level	α	β	ρ	Nuts	Iter_max
1	−58.77	−58.67	−58.67	−58.59	−58.93
2	−58.78	−58.62	−58.61	−58.66	−58.60
3	−58.54	−58.70	−58.63	−58.74	−58.70
4	−58.61	−58.70	−58.80	−58.71	−58.47
Delta	0.25	0.08	0.19	0.16	0.46
排秩	2	5	3	4	1

表 4.5　均值响应表

Level	α	β	ρ	Nuts	Iter_max
1	617.2	615.8	615.1	600.2	640.5
2	630.3	621.9	610.1	611.4	608.1
3	615.9	615.1	610.2	611.0	617.0
4	605.3	614.3	631.6	616.2	601.5
Delta	25.0	7.6	21.5	16	39.0
排秩	2	5	3	4	1

表 4.6　标准差响应表

Level	α	β	ρ	Nuts	Iter_max
1	863.3	845.2	845.5	845.3	866.1
2	855.5	826.4	841.5	849.0	842.3
3	829.5	853.5	846.1	837.1	850.1
4	842.8	854.5	846.6	848.1	820.7
Delta	33.8	28.1	5.1	11.9	45.4
排秩	2	3	5	4	1

◎ 4.5.3 计算结果

1. 参数设置

根据表 4.3 的试验数据,应用田口设计方法的望小型信噪比进行计算,根据图 4.4 至图 4.6 可以得出参数优化组合为 $\alpha=1$,$\beta=4$,$\rho=0.9$,Nuts=30,Iter_max=50。根据表 4.4 至表 4.6 可知,参数 α 和 Iter_max 对于信噪比、均值和标准差的影响最显著。

2. 计算实验

将 EDD-SDST-ACO 算法分别和蚁群算法、遗传算法进行性能评估对比。所需数据为某航空紧固件企业的数控车削工序的工件加工。算法运行机器性能参数为 PC 上 CORE i3 M 380,CPU 2.53 GHz,内存为 6.00GB,运行软件为 Matlab R2010a。所有的导入数据可以从 Excel 2010 读取,结果以 Excel 形式表现,运行时间指主程序的运行时间,不包括导入数据的时间。不同规模数据各测试 20 次,计算结果表示为 4 个参数,即目标最小值(Min.sol)、目标最大值(Max.sol)、目标平均值(Avg.sol)和搜索到最优解的次数(Times),EDD-SDST-ACO 算法和 ACO 算法结果对比见表 4.7,EDD-SDST-ACO 算法和 GA 算法结果对比见表 4.8。

基于EDD-SDST-ACO启发规则的最优作业切换单机成组调度研究

表4.7 EDD-SDST-ACO算法和ACO算法对比结果

n	EDD-SDST-ACO				ACO				Ave.sol improved (%)
	Min.sol	Max.sol	Ave.sol	Times	Min.sol	Max.sol	Ave.sol	Times	
10	1 068	1 289	1 178.5	20	1 180	1 339	1 239.3	20	4.9
20	2 160	2 450	2 305	15	2 378	2 590	2 484	14	7.2
30	3 456	3 651	3 553.5	12	3 612	3 832	3 722	8	4.5

表4.8 EDD-SDST-ACO算法和GA算法对比结果

n	EDD-SDST-ACO				GA				Ave.sol improved (%)
	Min.sol	Max.sol	Ave.sol	Times	Min.sol	Max.sol	Ave.sol	Times	
10	1 068	1 289	1 178.5	20	1 150	1 301	1 225.5	20	3.8
20	2 160	2 450	2 305	15	2 369	2 610	2 489.5	10	7.4
30	3 456	3 651	3 553.5	12	3 512	3 792	3 652	9	2.7

根据表（4.7）和表（4.8）可知，EDD-SDST-ACO算法搜索到的最优解平均值比ACO和GA都要小，尤其是当工件数为20时，EDD-SDST-ACO算法结果提升了7.4%。而且EDD-SDST-ACO算法搜索最优解的次数也有明显优势，随着问题规模的增大，EDD-SDST-ACO算法寻优的准确度更高。EDD-SDST-ACO算法的运行时间相对ACO算法和GA算法较长，这也是EDD-SDST-ACO算法需要改进的地方。

4.6 实证研究

本章对某航空紧固件企业数控车削工序上 8 种工件（$P_A \sim P_H$）进行研究验证，8 种工件加工特征和加工数据来自第 3 章的实证数据，工件成组结果为 $\{P_A, P_B, P_C\}$，$\{P_F, P_G, P_H\}$ 和 $\{P_E, P_D\}$。具体的加工特征和作业切换时间见表 2.6 和表 2.7，加工时间和工期见表 4.9。该企业数控车削工序的作业切换时间不考虑工件的个体差异及排序，根据经验设定固定的基本作业切换时间为 90 分钟，并且考虑了批量系数，各工件在该工序的作业切换时间=90×批量系数（分钟）。本章采用基于加工资源相似性成组的最优作业切换调度方案，与该企业目前常用的 LPT 调度规则进行对比。

表 4.9 数车工序 8 种工件的加工时间和工期

零件编号	批量	批量系数	企业的标准作业切换时间（分钟）	工期（天）	加工时间（分钟）	
					单件加工时间	批量加工时间
A	200	3	270	11	1.5	300
B	50	5	450	10	5	250
C	340	2	180	9	2.5	850
D	400	2	180	13	1.5	600
E	35	5	450	14	6	210
F	1 000	1	90	12	3.5	3 500
G	230	3	270	13	1.0	230
H	150	4	360	10	2.0	300

基于EDD-SDST-ACO启发规则的最优作业切换单机成组调度研究

该企业根据经验设定了每个工序的基本作业切换时间（见表2.4），该数值为固定值，对于数车工序则考虑了单件小批量频繁切换的实际情况，给出了作业切换时间计算的批量系数（见表2.5）。表4.9是该企业数车工序上8种工件的相关加工数据信息。其中，工期的时间单位为天，换算成分钟数为1天×8小时×60分钟。目前该企业采用了LPT（Long Process Time）调度规则，每种工件的完工时间包括加工时间和企业的标准作业切换时间。根据表4.9的相关数据及LPT调度规则，该企业的调度排序为：$P_F \to P_C \to P_D \to P_A \to P_H \to P_B \to P_G \to P_E$。总完工时间为8 490分钟，该调度顺序的拖延时间分别为0，300分钟；0，690分钟；1 830分钟，2 530分钟；1 590分钟和1 770分钟。最大拖延时间为2 530分钟，总拖延时间为8 710分钟。设备利用率可以表示为：设备利用率=Σ加工时间/Σ(加工时间+作业切换时间)，计算值为73.5%。本章提出的EDD-SDST-ACO启发式规则优化的调度排序为$P_A \to P_B \to P_C \to P_H \to P_F \to P_G \to P_D \to P_E$。总完工时间为6 545分钟，该调度顺序的拖延时间分别为0，0，0，0，0，0，75分钟和0。最大拖延时间为75分钟，设备利用率为95.37%。对比数据可知，总完工时间缩短了22.9%，总拖延时间缩短了99%，设备利用率提高了21.87%。对比结果证明了本章提出的基于加工资源相似度的零件成组调度方法对于提高设备利用率和生产效率具有明显的优势。

4.7 本章小结

本章研究了基于成组技术的最优作业切换的单机调度问题，给出了该问题常见的约束条件和数学模型，以最小化总拖延时间为优化目标。案例中工件为聚类成组后的工件组，即考虑不同工件组之间存在作业切换时间，同一工件组内可以分割为运行，同一运行内工件默认为相似工件，同一工件组内工件间的作业切换时间为 0，另外安排在第一位加工的工件组产生初始作业切换时间。提出了 EDD-SDST-ACO 算法规则，首先考虑最短工期工件和作业切换时间最短工件的优先排序生成初始候选解，再采用 ACO 算法进行搜索寻找最优解。

为了提高算法的性能，采用了田口设计方法对算法相关参数进行了组合优化，根据最优组合参数进行实例验证，实例工件数为 10、20 和 30，结果分别对比了 EDD-SDST-ACO 算法和 ACO 算法、GA 算法的目标函数值的最小值、平均值和最大值，以及搜索到最优解的次数。结果显示 EDD-SDST-ACO 算法具有较好的寻优结果，算法的稳健性较好。

最后进行了实证研究，采集了某航空紧固件企业数控车削工序上的 8

种工件相关加工数据，采用本章提出的 EDD-SDST-ACO 算法及企业采用的 LPT 调度规则及按批量规定的作业切换时间进行对比，结果证明本章提出的方法能够有效地提高设备利用率和生产效率。

5 基于GATS混合算法的最优作业切换不相关并行机成组调度研究

基于 GATS 混合算法的最优作业切换不相关并行机成组调度研究

5.1 引言

并行机调度是多台机器的资源配置和作业排序,以及单个机器上工件的加工顺序,需要优化规则。根据机器特征可分为同构并行机和不相关并行机。对于同构并行机,每个工件有独立固定的加工时间,每台机器的加工速度相同。对于不相关并行机,由于新旧程度、规格型号存在差异,导致每台机器加工速度不同,工件的加工时间依赖于机器加工速度,$p_{ij} = p_i / f_j$,f_j 为机器 j 的加工速度因子,相同工件在不同机器上的加工时间不同。因此,不相关并行机调度加工时间存在矩阵表 p_{ij},$i=1,\cdots,n$;$j=1,\cdots,m$。其他的并行机分类根据优先关系(依赖工件和不依赖工件)分为工件有优先(优先和无优先调度)、性能指标、完成时间依赖工件价值、资源依赖加工时间等。

调查研究显示,车间实际生产中不相关并行机生产情况更多,由于机器新旧程度、规格、型号等不同,导致加工速度不同,并且相同工件的作业切换时间也不同。而目前多数的并行机生产调度研究主要是同构并行机调度研究,不能有效地解决实际生产调度问题,因此研究不相关并行机成组调度问题更具有实际应用价值。

Jae-Ho Lee 提出禁忌搜索算法解决排序和机器依赖作业切换时间的不相关并行机调度问题,目标为最小化总拖延时间,等同于最大化最小与客户满

意度紧密相连的工期。$R_m|S_{ijk}|\sum T_j$，R_m表示不相关并行机，S_{ijk}表示机器和排序依赖作业切换时间，$\sum T_j$表示总拖延时间。Jeng-Fung Chen研究了加工限制和作业切换的不相关并行机最小化总拖延时间，提出了一种高效的基于引导启发式搜索，记录更新和禁忌列表的方法。Jeng-Fung Chen研究了排序和机器依赖作业切换时间并考虑工期约束的不相关并行机调度问题，提出一种有效的启发式模拟退火算法，设计提高了算法参数；提出了使用新创建的数据集进行启发式评估实验，结果表明该启发式能够有效改善初始解。Javad Rezaeian Zeidi等人研究了排序依赖作业切换时间的不相关并行机调度问题，该研究考虑了工期约束，以最小化拖延和提早完工成本为目标，应用遗传模拟退火集成的元启发式算法进行求解，遗传算法作为基础算法，模拟退火算法作为局部搜索程序和遗传算法一起提高了解的质量。

YALAOUI. F 等人提出了一个启发式方法来解决排序依赖作业切换时间和工件分解极小化的同构并行机调度问题。该方法由两部分组成，一是解决排序依赖作业切换时间的单机调度问题，二是利用第一部分的结果获得一个可行的初始解。Mehdizadeh. E 针对生产运作中的同构并行机调度问题，研究了排序独立于作业切换时间的同构并行机调度的减振优化（VDO）算法，该方法是基于振动机械减振概念而产生的启发式算法。Park,T 等人针对并行机工件调度问题，考虑了任务分解和排序依赖作业切换时间的主要/次要影响因素，以最小化总拖延时间为优化目标，以满足相同功能机器的车间时间要求的启发式算法进行求解。胡大勇等人研究了排序依赖作业切换时间的同构并行机

基于 GATS 混合算法的最优作业切换不相关并行机成组调度研究

调度，以最小化总完工时间为优化目标，建立了数学规划模型；并且为了减少搜索空间的冗余搜索及冗余解产生，提出基于两段式染色体编码的遗传算法，有效地提高了算法的搜索效率。Peng Guo 等人研究了考虑工件作业切换时间和恶化效应的并行机调度问题，确定同构并行机上工件分配和加工顺序，以最小化总拖延为优化目标，设计了一种混合综合程序模型来优化求解。Lee.Z,S.等人针对动态同构并行机调度问题，提出了受限的模拟退火算法，结合受限的搜寻策略来寻求最优的领域调度，计算结果说明这种方法比基本的模拟退火算法要高效得多。Yas min A. Rios-Solis 以最小化总提早/拖延成本和为优化目标，研究了同构并行机调度问题，提出基于连续松弛的凸二次规划精确方法，依赖指数规模的邻域搜索启发式算法。

Lee,J.等人为减少拖延时间，研究了机器和排序依赖作业切换时间的不相关并行机调度问题，采用禁忌搜索算法寻找最优解。Lin,S.等人为解决不相关并行机调度问题，提出了一种混合人工蜂群（HABC）算法，以最小化总完工时间为优化目标。Gedik,R 等人研究了排序独立作业切换时间，考虑了工期约束的不相关并行机生产调度问题，提出了约束规划（CP）模型。Yang-Kuei Lin 等人考虑机器的释放时间，提出了一个双目标的启发式算法以求解不相关并行机调度问题，以最小化总完工时间和总加权拖延为优化目标。C. M. Nogueira,J.P.等人研究了最小化总提早和拖延惩罚的不相关并行机调度问题，考虑了机器、排序依赖作业切换时间和释放时间三个因素。该研究问题属于 NP 难题，提出了基于贪婪随机自适应搜索过程（GRASP）启发式的算法，以确定最优解的适用性。Lin,S.,C. Lu 等人针对排序依赖作业切换时间和不相关并行机调度问题，提出了一个简单的迭代贪婪式启发算法来求解最小化总拖延目标。Diana,R.O.M.等人针对排序依赖作业切换时间和不相关并行机调度问题，提出了免疫算法来求解最小化总完工时间的优化目标。Chen,J.针对机器、排序依赖作业切换时间，并考虑了工期约束的不相关并行机调度问题，以最小化总拖延时间为优化目标，提出了一种基于 ATCS 程序改进后的模拟退火法。Zeidi,J.R.等人以最小化提早/拖延成本为优化目标，研究了排序依赖作业切换时间，并考虑工期约束的不相关并行机调度问题，提出了一种新的数学模型和元启发式算法，结果表明这种综合算法有效可行。

之前的研究主要应用了遗传算法（GA）、模拟退火算法（SA）、禁忌搜索算法（TS）、粒子群优化算法（PSO）和混合人工蜂群（HABC）算法等智能算法进行求解作业车间调度问题。然而，各种单一智能算法在复杂优化问题求解时各自存在一定的劣势，导致算法的优化结果不够好，为此，国内外学者提出基于融合思想的智能算法改进策略。

GA 算法是一种通用的优化算法，具有简单的编码技术和遗传操作方法，具有隐含并行性和全局解空间搜索的特点。TS 算法是对局部领域搜索的一种扩展，属于全局逐步搜索算法，通过相应的禁忌准则和灵活的存储结构避免迂回搜索，并采用藐视准则将一些被禁忌的优良状态进行赦免，保证了有效探索的多样化，最终实现全局优化。局部邻域搜索是基于贪婪思想持续搜索当前解的邻域，比较容易实现，但局部邻域搜索性能主要依赖初始解和邻域结构，容易陷入局部最优。TS 算法的禁忌策略是一种确定性的局部极小突跳策略，能够尽量避免迂回搜索，因此本章应用遗传禁忌搜索混合算法来解决

基于 GATS 混合算法的最优作业切换不相关并行机成组调度研究

基于成组技术的最优作业切换的不相关并行机调度问题,结合 GA 算法的编码技术和并行性搜索的特点及 TS 算法的禁忌策略,避免了迂回搜索,有效地提高了搜索效率,并能避免陷入局部最优。

5.2 问题描述

本章研究基于成组技术的排序依赖作业切换时间的不相关并行机调度问题，优化目标为最小化总拖延时间，根据工件加工所需资源的相似性进行工件成组，要确定所有工件组在各机器上的分配，以及确定同一台机器上的各工件组及组内的排列顺序，不同的排列顺序会产生不同的作业切换时间，以及不同的总拖延时间 T_i。该问题的数学规划模型 $R_m/s_{ijm}/\sum T_i$ 可以描述为：有 n 个工件组在 m 台机器上加工，调度优化决策包括两个阶段，一是工件组—机器的匹配优化，二是根据工期和作业切换时间对分配到机器上的工件组及组内工件的加工排序进行优化。本章应用了遗传禁忌搜索（GATS）算法，采用田口设计方法的信噪比（SNR）对算法参数进行了优化，对不同规模的问题分别利用人工蜂群（ABC）算法和遗传模拟退火（GASA）算法进行对比研究。

5.3 模型构建

1. 模型假设

本书提出如下模型假设。

（1）所有机器在 $t=0$ 时刻都可以使用。

（2）假设工件同时到达，不考虑机器的等待时间。

（3）每台机器的加工速度不同，因此相同工件在不同机器上的加工时间也不同。

（4）每个工件在操作中不能中断。

（5）每台机器每次最多加工一个工件。

（6）工件没有加工特权。

（7）假设工件可以在任意机器上加工。

（8）排在机器第一位的加工工件存在初始作业切换时间。

2. 参数及变量描述

参数及变量表见表5.1。

表 5.1 参数及变量表

指 标	
i, j	工件指标($i, j=1,2,\cdots,n$)
k	机器指标($k=1,2,\cdots,m$)
参 数	
p_{ik}	工件 i 在机器 k 上的加工时间
s_{ijk}	在机器 k 上工件 i 切换到工件 j 依赖排序的作业切换时间
d_i	工件 i 的工期
M	足够大的正数
决 策 变 量	
x_{ik}	当工件 i 在机器 k 上加工则为 1,否则为 0
y_{ijk}	在机器 k 上工件 i 排在工件 j 紧前加工为 1,否则为 0
C_i	工件 i 的完工时间
T_i	工件 i 的完工拖延时间

3. 模型建立

优化目标为:

$$\text{minmize} \sum_{i \in G} T_i \tag{5.1}$$

满足条件为:

$$\sum_{i=1}^{n} x_{ik} = 1, k = 1, 2, \cdots, m \tag{5.2}$$

$$\sum_{j=1}^{n} y_{ijk} \leqslant x_{ik}, j \neq i, i = 1, 2, \cdots, n; j = 1, 2, \cdots, n; k = 1, 2, \cdots, m \tag{5.3}$$

$$\sum_{i=0}^{n} y_{ijk} = x_{jk}, j \neq i, i = 0, 1, \cdots, n; j = 1, 2, \cdots, n; k = 1, 2, \cdots, m \tag{5.4}$$

$$\sum_{j=1}^{n} y_{0jk} = 1, k = 1, 2, \cdots, m \tag{5.5}$$

$$C_j \geq C_i + p_{jk} + s_{ijk} - M \times (1 - y_{ijk}), j \neq i, i = 0, 1, \cdots, n, j = 1, 2, \cdots, n \tag{5.6}$$

$$C_0 = 0 \tag{5.7}$$

$$C_j \geq 0, j = 1, 2, \cdots, n \tag{5.8}$$

$$T_i = \max\{C_i - d_i, 0\} \tag{5.9}$$

式（5.2）说明每个工件只能在一台机器上加工一次。式（5.3）和式（5.4）说明工件恰好分别是紧前和紧后加工。式（5.5）说明每台机器都存在初始作业切换时间。式（5.6）说明紧前紧后工件完工时间包含作业切换时间。式（5.7）表示设排在第一位加工工件前有虚拟工件，其完工时间为 0。式（5.8）表示每个工件都被加工。式（5.9）表示每个工件的拖延时间。

5.4 算法设计

GA 和 TS 是两种广泛应用于求解生产调度问题的元启发式算法。GA 是一种群体性并行搜索方法，具有良好的全局搜索能力，但对于超大规模优化问题，GA 在进化搜索过程中，每代要维持一个较大的群体规模，从而使计算次数呈非多项式时间增加。而且局部搜索能力差且易出现早熟现象。TS 是一种串行搜索方法，每次迭代均从一个解移动到另一个解，局部搜索能力较强，全局搜索能力差，易陷入局部最优解。因此，本章将 GA 和 TS 各自的优点紧密结合起来，得到具有较强的全局搜索能力和局部搜索能力的遗传禁忌搜索算法（GATS）。

将 GA 和 TS 整合起来能够优缺点互补。可以将禁忌搜索算法的记忆思想融入遗传算法的搜索过程中，形成新的重组算法，并把禁忌搜索算法作为遗传算法的变异算子。基于遗传禁忌算法的双资源约束下并行生产线调度研究中，交叉算子中引入了记忆功能，可以避免早熟现象；对于交叉产生的个体，根据设置禁忌表确定被舍弃还是接受，引入藐视准则来保留优良个体。本章采用禁忌搜索算法作为变异算子，把一个要变异的染色体作为禁忌搜索的输入，把禁忌搜索得到的解作为变异的新个体。将 TS 独有的记忆功能引入 GA 的搜索过程中，利用 TS 爬山能力强的优点改进 GA 的爬山能力，构建新的交叉算子，TSR 算子作为交叉算子。把 TS 作为 GA 的变异算子 TSM。遗传禁忌算法（GATS）结合了具有多出发点的 GA，以及具有爬山能力强和记忆功能特点的 TS，保持了 GA 具有多出发点的优势，并克服了 GA 爬山能力差的缺点。

◎ 5.4.1 种群初始化

初始的染色体设计方案能有效缩短算法运行时间，向量整数规划元启发算法是典型的染色体应用于并行机调度问题。将一个 n 个数列的两行排列应用于染色体表达，n 表示工件数量，第一行数列表示工件的一种排列，从 1 到 n；第二行的每个元素对应第一种群，由染色体的规模种群组成，每一条染色体就是问题的一种候选方案。同一台机器上，第一行越早出现的工件表示排在越靠前的位置加工。染色体表示如图 5.1 所示。

工件	6	3	7	2	8	1	4	5
机器	2	1	3	2	3	1	2	1

图 5.1 染色体表示

工件分配如图 5.2 所示。

| 6 | 3 | 7 | 2 | 8 | 1 | 4 | 5 |
| 2 | 1 | 3 | 2 | 3 | 1 | 2 | 1 |

↓

| 6 | 3 | 7 | 2 | 8 | 1 | 4 | 5 |
| 2 | 1 | 2 | 2 | 3 | 1 | 2 | 1 |

↓

| 6 | 3 | 7 | 2 | 8 | 1 | 4 | 5 |
| 2 | 1 | 2 | 3 | 3 | 1 | 2 | 1 |

图 5.2　工件分配

工件交叉操作如图 5.3 所示。

| 6 | 3 | 7 | 2 | 8 | 1 | 4 | 5 |
| 2 | 1 | 3 | 2 | 3 | 1 | 2 | 1 |

↓

| 6 | 3 | 2 | 7 | 8 | 1 | 4 | 5 |
| 2 | 1 | 3 | 2 | 3 | 1 | 2 | 1 |

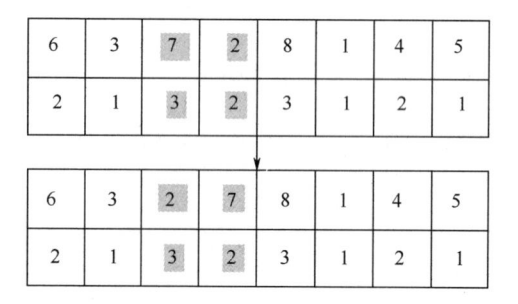

图 5.3　工件交叉操作

◎ 5.4.2　适应度函数

每条染色体评价的适应度函数为：

$$f(x) = \frac{1}{1+\sum_{i=1}^{n}\max\{C_i - d_i, 0\}}, x = 1, 2, \cdots, \text{pop}_{\text{size}} \quad (5.10)$$

式中，$f(x)$是种群中第 x 条染色体的适应度函数值，$\sum_{i=1}^{n}\max\{C_i-d_i,0\}$ 是所有工件的总拖延时间。

◎ 5.4.3 获得初始解

禁忌搜索算法搜索的最优解比较依赖初始解。遗传算法通过选择、交叉、变异等操作将产生的可行解作为禁忌搜索算法的初始解，能够有效地缩短禁忌搜索时间。禁忌搜索算法再根据工件加工优先指标对初始解进行优化排序。考虑将优先权指标值最大的工件首先安排在机器上加工。修正的优先权指标表示为：

$$I_j(t,i) = \frac{1}{p_{jk}}\exp\left(-\frac{\max(d_j - p_{jk} - t, 0)}{k_1 \bar{p}}\right)\exp\left(-\frac{s_{ijk}}{k_2 \bar{s}}\right) \quad (5.11)$$

式中，$I_j(t,i)$表示工件 j 在 t 时刻的优先权指标，i 是 t 时刻最后一个在机器上完成的工件，t 时刻最大指标值的工件被选择加工。p_{jk} 是工件 j 在机器 k 上的加工时间，s_{ijk} 是在机器 k 上工件 j 安排在工件 i 紧后加工排序依赖机器的作业切换时间。d_j 是工件 j 的工期。k_1 和 k_2 是标度参数，由 τ, R, η, μ 确定，τ 为工期松紧系数，R 为工期阈值因子，η 为作业切换时间效率系数，μ 为工件-机器因子。

$$k_1 = 1.2\ln(\mu) - R \quad (5.12)$$

$$k_2 = \tau / A\sqrt{\eta} \quad (5.13)$$

如果 $\tau<0.5$，则式（5.12）中 k_1 还要减去 0.5；如果 $\tau<0.8$，式（5.13）中 $A=1.8$，当 $\tau\geq 0.8$，则 $A=2$；如果 $\eta<0.5$ 且 $\mu>5$，则 k_1 还要减去 0.5。

工期松紧系数的计算如下：

$$\tau = 1-(\bar{d}/C_{\max}) \tag{5.14}$$

式中，$\bar{d}$ 为平均工期，$C_{\max}$ 为最大完工时间，如果 τ 接近 1 说明生产调度任务很紧密，完工时间无限大。

工期阈值因子的计算为：

$$R=(d_{\max}-d_{\min})/C_{\max} \tag{5.15}$$

式中，$d_{\min}$ 为最小工期，$d_{\max}$ 为最大工期。

作业切换时间效率系数计算为：

$$\eta = \bar{s}/\bar{p}, \bar{s} \tag{5.16}$$

式中，$\bar{s}$ 为平均作业切换时间，$\bar{p}$ 为平均加工时间。

$$\bar{p}_i = \sum_{k=1}^{m} p_{ik}/m \tag{5.17}$$

工件-机器因子（μ）计算为：

$$\mu=N/M \tag{5.18}$$

式中，N 为工件数，M 为机器数，μ 是一台机器上加工工件的平均数。这些参数具体值依赖实际问题。对于规模较大的工件排序，$C_{\max}$ 较难计算，采用

基于GATS混合算法的最优作业切换不相关并行机成组调度研究

估算为：

$$\hat{C}_{\max} = (\beta \bar{s} + \bar{p})\mu, \quad \beta \leqslant 1 \tag{5.19}$$

式中，β是针对μ充分大时给出的评估因子（比如$\mu \geqslant 5$），其计算公式如下。

$$\beta = 0.4 + \frac{10}{\mu^2} - \frac{\eta}{7} \tag{5.20}$$

1. 解的形式

解的形式见表5.2。

表5.2 解的形式

机 器	机器1	机器2	……	机器m
工件排列	$1,2,\cdots,n$	$1,2,\cdots,n$	……	$1,2,\cdots,n$

2. 初始方案

每台机器上的加工工件顺序、加工时间和作业切换时间如图5.4所示。

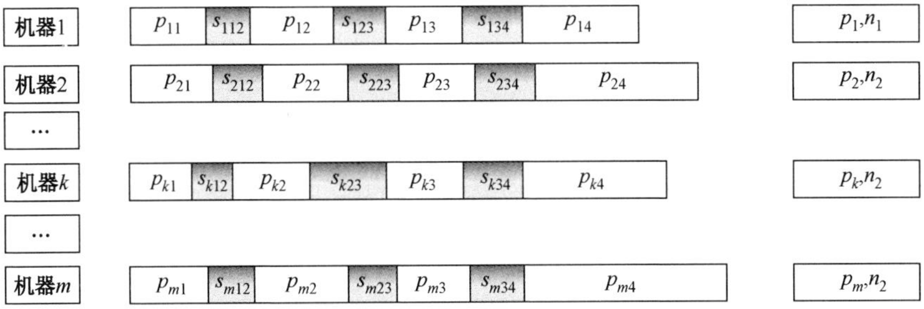

图5.4 初始方案

◎ 5.4.4 邻域生成方法

邻域映射为对换两种工件的加工顺序位置的 2-opt，由于多个机器同时工作，每个机器上的工件位置顺序都可以变换，也存在同时变化的情况，比较复杂。本章生成了一个 $1\sim m$ 的随机整数，由这个随机整数确定变化哪个机器上的工件及各机器上的先后顺序。如有 3 台机器（$m=3$）5 种工件（$n=5$）的情况，在某次由当前最优解产生其邻域时，产生 $1\sim 3$ 的随机整数位 2，即变化第 2 台机器的位置顺序。具体邻域生成方法如图 5.5 所示。

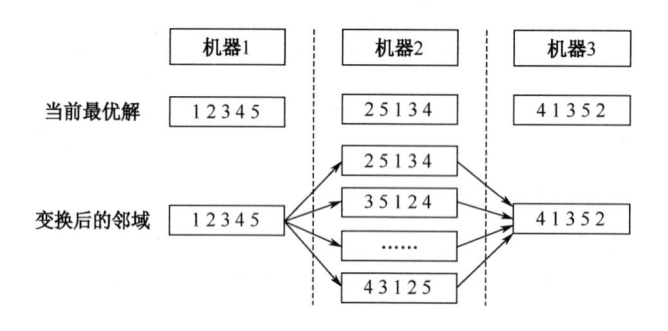

图 5.5 邻域产生方法

禁忌搜索算法包括 8 种邻域生成方法，这 8 种领域生成方法都是基于交换和插入方法的，用 $n*m$ 个操作的基因表示，代表一次操作的优化组合 n 个工件 m 台机器。机器的拖延时间是指分配到该台机器上加工的所有工件的总拖延时间。带下标的工件组是指分配在某台机器上连续延迟或者早到的工件群。

Step1：子工件组再分配。基于插入方法将子工件组再分配是指从最大拖延机器上任意选择的子工件组中移动一组连续工件，将它们插入最小拖延机器上。这里的连续的工件组是指从任意选择的子工件组里第一个工件开始。

Step2：工件再分配。这种方法与子工件组再分配方法相同，只不过工件替代了工件组被选择和插入。也就是说分配到最大拖延机器上的工件从原始位置被移动，并且插入到任意位置，其分配的排序是在最小化拖延机器上进行的，分配到最大拖延机器上的工件是被随意选择的。

Step3：子工件组和子工件组链再分配。从最大拖延机器上选择的子工件组被任意分配到中间机器，并且另外的子工件组从中间机器上被再分配到最小化拖延机器上。

Step4：子工件组和工件链再分配。这种方法与子工件组和子工件组链再分配是一样的。只是从中间机器上选择的是一个工件，而不是一个工件组，其被再分配到最小化拖延机器上。

Step5：工件和工件链再分配。方法与子工件组与子工件组链的再分配方法相同，只是两个再分配（从最大拖延机器到中间机器和从中间机器到最大拖延机器）对象是工件，而不是工件组。

Step6：子工件组和子工件组交换。基于交换方法生成邻域方案，选择两个子工件组并且互相交换。特别是从最大拖延机器上选择一个子工件组与另外任意机器上的子工件组进行交换。

Step7：机器间的工件交换。这种方法与子工件组交换相同，但指的是两个工件交换，而不是子工件组交换，也就是说从最大拖延机器上选择一个工件与其他机器上的工件进行交换。

Step8：分配在一台机器上的工件间的交换。这种方法与机器间的工件和工件交换方法一样，只是交换的两个工件是任意机器上分配的工件。

◎ 5.4.5 交叉操作

将禁忌搜索的记忆功能引入遗传算法的交叉算子中，即 TSR 的交叉过程具有高适应值的子代进入下一代的机会很大，但不是所有的高适应值的子代一定都进入下一代，因为 TSR 使用了禁忌表，可以限制适应值相同的子代出现次数，使群体中尽可能保持染色体结构的多样性，避免出现早熟现象。

```
Begin
    if fitness of x > average value of population,then accept x
    else
        if offspring x is not in tabu list
            accept x
    else
        choose the better of two parents to the next generation;
    update tabu list;
end
```

◎ 5.4.6 变异操作

将禁忌搜索作为遗传算法的变异算子，即 TSM 输入一个解（染色体）作为初始解，经 TSM 作用，返回再输出另一个解。TSM 是一个搜索过程，需要评价函数确定移动值，并根据移动值和禁忌表确定接受哪个移动，即确定接受哪个输出解。TSM 搜索过程中可以接受劣解，因为 TSM 具有极强的爬山能力。

设 x 是一个初始解，变异操作（TSM）过程的伪代码为：

```
Begin
    t=0; set the best solution x0=x; set T;
while ter min ation condition not satisfied do
    t= t+1;
move x to x';
update (x; x0; tabu list);
end
```

◎ 5.4.7 遗传禁忌搜索算法流程

GATS 的求解具体步骤如下。

Step1：参数设置（最大遗传代数 N_{gen}，群体规模 N_{pop}，交叉概率 p_c，变异概率 p_m，选择概率 p_s，禁忌表长度 l，候选解数量 n_s）。

Step2：令 $t = 0$；生成初始群体。

Step3：计算当前代群体中染色体的适应度值，评价种群中每个个体适应度值。

Step4：选择。按滚轮方式选出 N_{pop} 个染色体，放入交配池中。

Step5：交叉。

　　Step5.1：生成 0 和 1 之间的随机数 $r_i, i=1,2,\cdots,N_{pop}$。如果 $r_i < p_c$。则交配池中第 i 个染色体作为交叉的父代，产生均值为 $p_c * N_{pop}$ 个父代染色体。

Step5.2：对每对双亲进行交叉操作，产生两个子代。

Step5.3：调用 TSR 对交叉后得到的子代进行交叉。

  Step5.3.1：设 $k=1$；

    选择遗传算法交叉产生的子代为 S_{GA}；

    设 $S_0=S_{GA}$。

  Step5.3.2：从邻域 S_k 中选择一个候选排序 S_c，

    如果 S_k-S_c 的移动被变异的禁忌表禁止，

    设 $S_{k+1}=S_k$ 且转到 Step5.3.1；

    如果 S_k-S_c 的移动没有被变异的禁忌表禁止，

    则 $S_{k+1}=S_c$。

    进入禁忌列表顶端回复突变；

    推动其他所有的入口沿着禁忌列表的路径；

    删除禁忌列表底端的入口；

    如果 $T(S_c)<T(S_0)$，设 $S_0=S_c$。

    转至 Step5.3.1。

  Step5.3.3 k 从 1 开始增加；

    如果 $k=N$，则停止，否则转至 Step5.3.2。

Step6：变异。

  Step6.1：生成 0 和 1 之间的随机数 $r_i, i=1,2,\cdots,N_{pop}$；如果有 $r_i<P_m$，则调用 TSM 对交配池中第 i 个染色体进行变异操作；

  Step6.2.1：设 $k=1$；

选择遗传算法交叉产生的子代为 S_{GA}；

设 $S_0=S_{GA}$。

Step6.2.2：从邻域 S_k 中选择一个候选排序 S_c；

如果 S_k-S_c 的移动被变异的禁忌表禁止，

设 $S_{k+1}=S_k$ 且转到 Step6.2.1；

如果 S_k-S_c 的移动没有被变异的禁忌表禁止，

则 $S_{k+1}=S_c$。

进入禁忌列表顶端回复突变；

推动其他所有的入口沿着禁忌列表的路径；

删除禁忌列表底端的入口。

如果 $T(S_c)<T(S_0)$，设 $S_0=S_c$。

转至 Step6.2.1。

Step6.2.3：k 从 1 开始增加；

如果 $k=N$，则停止，否则转至 Step 6.2.2。

Step6.3：$t = t+1$；如果 $t <N_{gen}$，转 Step3；否则输出最优解，终止算法。

遗传禁忌搜索算法的流程图如图 5.6 所示。

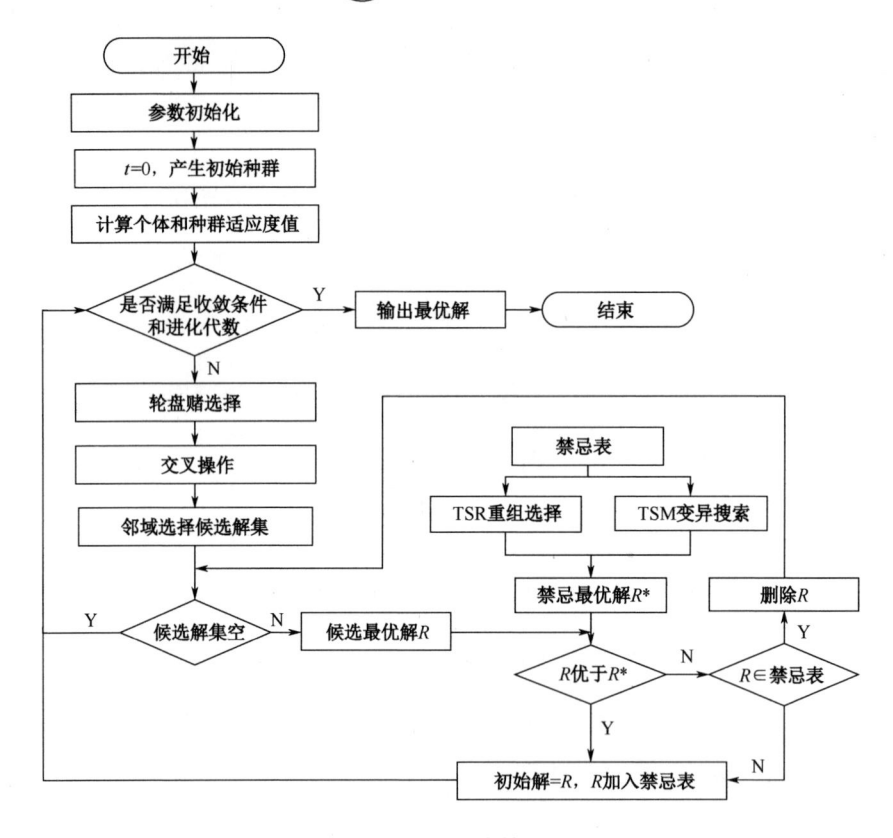

图 5.6　遗传禁忌搜索算法流程图

基于 GATS 混合算法的最优作业切换不相关并行机成组调度研究

5.5 算法有效性验证

◎ 5.5.1 数据生成

本章研究基于成组技术的排序依赖作业切换时间的不相关并行机调度问题 $R_m|s_{ijm}|\sum T_i$。以最小化总拖延时间为优化调度目标，即 Minimize$\sum T_i$。对于大规模问题，由于完工时间不能准确计算，因此根据最小的加工时间和作业切换时间对其进行估算，工期阈值因子 R 为[0.4,1]，工期松紧系数 τ 为[0.4,0.8]，参数设置见表 5.3。

表 5.3 参数设置

因 子	数 值
工件数(N)	30,50,70,90
机器数(M)	4,6,8
工件组数(F)	$[N/7]+1,[N/8]+1$
工期松紧系数(τ)	0.4,0.8
工期阈值因子(R)	0.4,1
工件组 j 在机器 k 上的加工速度因子 f_{jk}	$1/U[5,15]$
工件组 j 在机器 k 上的加工时间 p_{jk}	$1/f_{jk} \times U[10,40]$
在机器 k 上工件组 i 与工件组 j 的作业切换时间 s_{ijk}	$U[10,100]$
工期 a	$U[C_{max}(1-\tau-R/2), C_{max}(1-\tau+R/2)]$

$$C_{\max} = (\sum_{j \in F}\sum_{k \in M}(p_{jk} + \sum_{i \in F}s_{ijk})/F/M)/M$$

◎ 5.5.2 算法参数设置

种群数目是影响 GA 算法优化性能和效率的因素之一。种群太小就不能提供足够的采样点，导致算法的性能差，甚至不能得到可行解；种群太大可以增加优化信息以阻止早熟收敛的发生，但会增加计算量，使得收敛时间太长。交叉概率用于控制交叉操作的频率。概率太大，种群中串的更新很快，进而会使高适应度值的个体很快被破坏；概率太小，交叉操作很少进行，从而使搜索停滞不前。变异概率是加大种群多样性的重要因素。基于二进制编码的 GA 中，通常一个较低的变异率足以防止整个群体中任一位置的基因一直保持不变，但是概率太小又不会产生新个体，概率太大使 GA 变为随机搜索。

禁忌长度和候选解集的大小是影响 TS 算法的两个关键参数。禁忌长度是指禁忌对象在忽略藐视准则情况下拒绝被选取的最大次数，禁忌对象只有在其任期为 0 时才能被解禁。当前状态邻域解集的一个子集称为候选解集。算法要求禁忌长度和候选解集尽量小，然而禁忌长度过短会造成循环搜索，候选解集过小将容易造成早熟收敛，即陷入局部极小。

因此，本章对控制和影响 GATS 算法性能的 7 个参数进行组合优化研究。具体参数为种群规模 N_{pop}，最大遗传代数 N_{gen}，交叉概率 P_c，变异概率 P_m，选择概率 P_s，禁忌表的大小 L，候选解数量 n_s。当 n 个参数在其取值范围取 m 个水平，则共有 m^n 种水平组合。而为了确定最优的参数组合需要进行 m^n 次试验，如果水平数 m 值较大，则试验组数会很大，甚至难以实现。本章采用

基于 GATS 混合算法的最优作业切换不相关并行机成组调度研究

了均匀试验设计方案，兼顾了算法的性能和运行效率。每个参数取 3 个水平，则有 3^7 种水平组合。相关参数和对应水平见表 5.4。具体的数据试验设计见表 5.5。

表 5.4 相关参数和水平

水平	参数						
	N_{pop}	N_{gen}	P_c	P_m	P_s	l	n_s
1	60	50	0.6	0.08	0.15	3	5
2	70	100	0.7	0.1	0.2	7	15
3	80	150	0.8	0.12	0.25	10	20

表 5.5 数据试验设计

方案编号	参数							运行结果	
	N_{pop}	N_{gen}	P_c	P_m	P_s	l	n_s	最优解	CPU(s)
1	1	1	1	1	1	1	1	1 202.4	38.2
2	1	2	1	1	1	2	2	1 283.8	41.3
3	1	3	1	1	1	3	3	1 315.9	40.8
4	1	1	2	2	2	1	1	1 292.6	40.6
5	1	2	2	2	2	2	2	1 192.7	39.6
6	1	3	2	2	2	3	3	1 255.8	45.2
7	1	1	3	3	3	1	1	1 288.2	36.3
8	1	2	3	3	3	2	2	1 355.9	42.8
9	1	3	3	3	3	3	3	1 292.6	46.6
10	2	1	1	2	3	2	3	1 272.7	45.6
11	2	2	1	2	3	3	1	1 195.8	39.2
12	2	3	1	2	3	1	2	1 269.2	45.3

续表

方案编号	参数							运行结果	
	N_{pop}	N_{gen}	P_c	P_m	P_s	l	n_s	最优解	CPU(s)
13	2	1	2	3	1	2	3	1 232.6	39.2
14	2	2	2	3	2	3	1	1 243.8	42.3
15	2	3	2	3	1	1	2	1 285.9	46.8
16	2	1	3	1	2	2	3	1 222.6	43.6
17	2	2	3	1	2	3	1	1 322.7	43.6
18	2	3	3	1	2	1	2	1 255.8	45.2
19	3	1	1	3	2	3	2	1 239.2	44.3
20	3	2	1	3	2	1	3	1 238.5	41.6
21	3	3	1	3	2	2	1	1 153.2	32.3
22	3	1	2	1	3	3	2	1 245.8	39.8
23	3	2	2	1	3	1	3	1 262.9	41.9
24	3	3	2	1	3	2	1	1 302.5	45.1
25	3	1	3	2	1	3	2	1 265.2	41.2
26	3	2	3	2	1	1	3	1 219.9	42.3
27	3	3	3	2	1	2	1	1 198.5	40.6

采用信噪比（SNR）作为参数优化的依据，信噪比是因变量的均值（期望）/方差，信噪比值越大，表示方差越小，一致性越好。目标函数选择望小型信噪比进行比较。仿真运行时，取工件数 $n=20$，机器数 $m=3$，其他参数见表 5.3。每种参数组合运行 20 次，取其平均值。根据望小型信噪比确定最优参数组合。信噪比主效应图、均值主效应图、标准差主效应图、信噪比残差图参见图 5.7、图 5.8、图 5.9、图 5.10。信噪比响应表（望小型）见表 5.6，均值响应表见表 5.7，标准差响应表见表 5.8。

基于 GATS 混合算法的最优作业切换不相关并行机成组调度研究

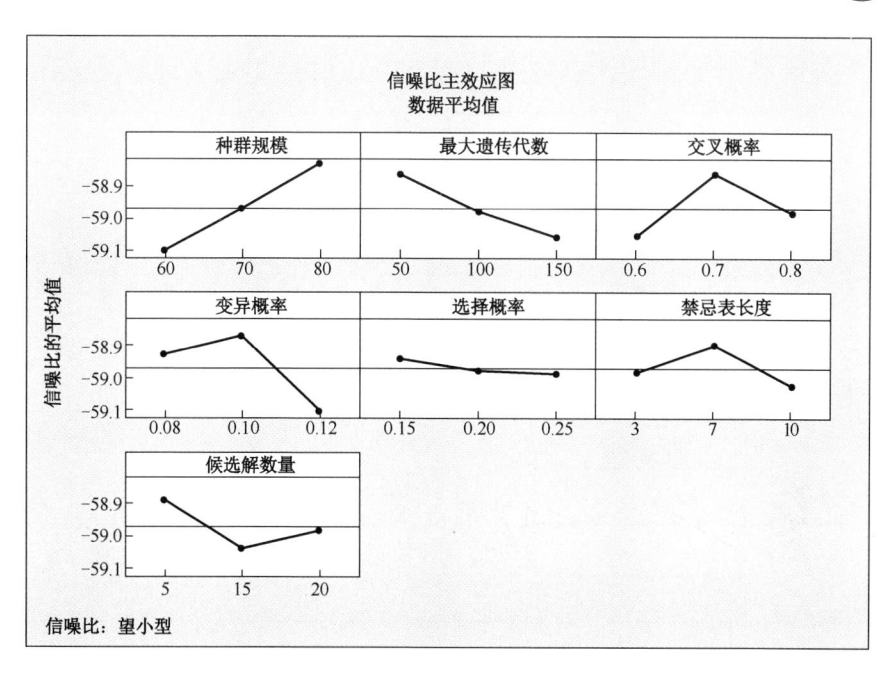

图 5.7 信噪比主效应图

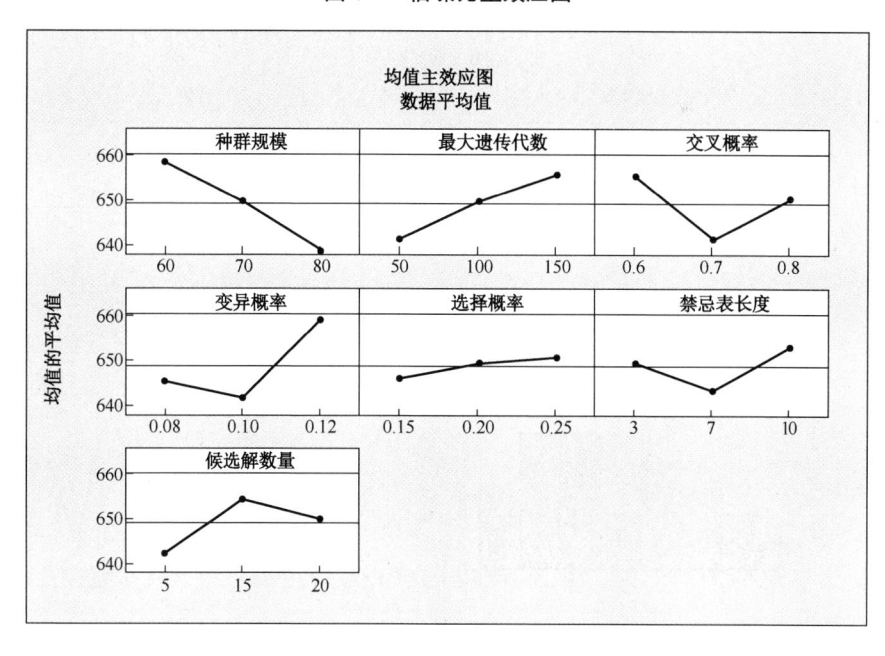

图 5.8 均值主效应图

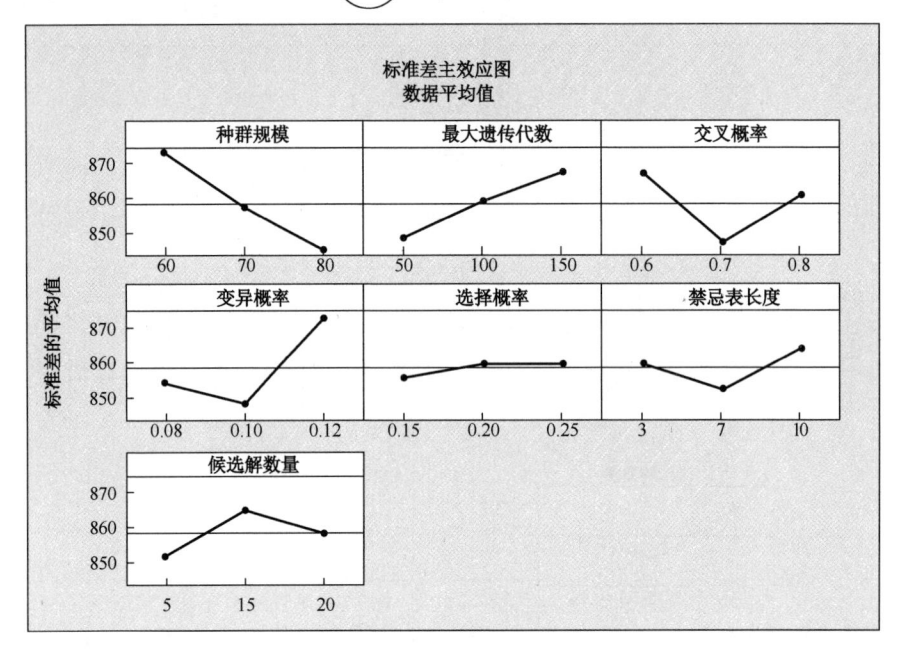

图 5.9 标准差主效应图

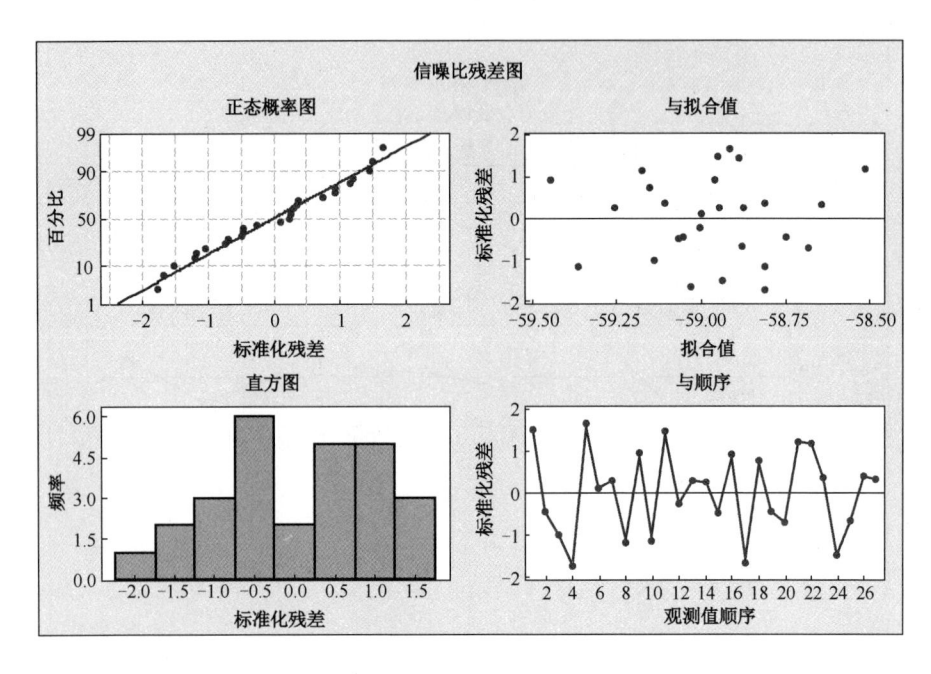

图 5.10 信噪比残差图

表 5.6 信噪比响应表（望小型）

水平	种群规模	最大遗传代数	交叉概率	变异概率	选择概率	禁忌表长度	候选解数量
1	−59.10	−58.86	−59.05	−58.93	−58.94	−58.98	−58.88
2	−58.97	−58.98	−58.86	−58.87	−58.98	−58.90	−59.04
3	−58.83	−59.06	−58.99	−59.11	−58.99	−59.03	−58.98
Delta	0.27	0.19	0.19	0.24	0.05	0.13	0.15
排秩	1	4	3	2	7	6	5

表 5.7 均值响应表

水平	种群规模	最大遗传代数	交叉概率	变异概率	选择概率	禁忌表长度	候选解数量
1	658.4	641.1	655.2	645.6	646.1	649.6	642.1
2	649.6	649.7	641.2	641.6	649.5	643.6	654.4
3	638.6	655.8	650.1	659.3	651.0	653.3	650.0
Delta	19.8	14.7	14.0	17.7	4.8	9.7	12.3
排秩	1	3	4	2	7	6	5

表 5.8 标准差响应表

水平	种群规模	最大遗传代数	交叉概率	变异概率	选择概率	禁忌表长度	候选解数量
1	872.8	848.7	867.0	854.4	855.8	859.3	851.8
2	857.2	859.1	847.2	848.3	859.6	852.0	864.8
3	845.1	867.3	860.9	872.3	859.6	863.8	858.5
Delta	27.6	18.6	19.8	24.0	3.8	11.8	13.0
排秩	1	4	3	2	7	6	5

◎ 5.5.3 计算结果

1. 参数设置

根据图 5.7 至图 5.10 得出最优参数组合为 N_{pop}=60, N_{gen}=150, P_c=0.6, P_m=0.12, P_s=0.25, L=10, n_s=15。根据表 5.6 至表 5.8 可以得出种群规模 N_{pop} 和变异概率 P_m 对于信噪比、均值和标准差的影响最显著。

通常情况考虑 6 个因子：工件数量 N, 机器数量 M, 工件组数量 F, 工期优先因子 τ, 工期范围因子 R, 重要客户工件优先度因子 P。本书借鉴了文献考虑 5 个因子：工件数量 N, 机器数量 M, 工件组数量 F, 工期松紧系数 τ, 工期阈值因子 R, 假设工件重要程度相同。表 5.3 分别包含 4 种工件数 N, 3 种机器数 M, 2 种工件组数 F, 2 种工期松紧系数 τ, 2 种工期阈值因子 R。生成 5 个实例，测试数据集为 4×3×2×2×2=96 个测试问题，总的测试实例为 4×3×2×2×2×5=480 个。

2. 计算实验

GATS 算法分别对比了 ABC 和 GASA 算法，试验数据见表 5.9。算法运行机器性能参数为 PC 上 CORE i3 M 380, CPU 2.53 GHz, 内存为 6.00GB, 运行软件为 Matlab R2010a。所有导入数据从 Excel 2010 读取，结果以 Excel 形式表现。运行时间指主程序的运行时间，不包括导入数据的时间。不同规模数据各测试 20 次，计算结果表示为 4 个参数：目标最小值（Min.sol），目

基于GATS混合算法的最优作业切换不相关并行机成组调度研究

标平均值（Avg.sol），目标最大值（Max.sol）和平均值提高率（%）。

GASA算法和GATS算法结果对比见表5.10。

表5.9　ABC与GATS算法对比结果

参数	取值	ABC Min.sol	ABC Max.sol	ABC Avg.sol	GATS Min.sol	GATS Max.sol	GATS Avg.sol	平均值提高率（%）
N	30	1 389.2	1 402.8	1 393.5	1 320.5	1 402.9	1 324.8	4.93
	50	2 903.7	3 001	2 939.7	2 560.2	2 835.6	2 745.1	6.62
	70	5 891.2	6 129.2	5 992.3	5 600.1	5 720.5	5 630.4	6.04
	90	9 649.3	10 054.1	9 838.3	9 099.3	9 242.1	9 184.1	6.65
M	4	7 590.2	7 819.7	7 693.7	6 950.4	7 154.6	7 060.5	8.23
	6	4 634.8	4 826.5	4 715.6	4 401.1	4 516.4	4 427.0	6.12
	8	2 650.1	2 794	2 713.6	2 436.8	2 594.5	2 490.5	8.22
F	N/7+1	4 956.8	5 149.3	5 042.1	4 685.4	4 801.7	4 718.9	6.41
	N/8+1	4 959.9	5 144.2	5 039.8	4 640.2	4 780.2	4 698.1	6.78
τ	0.4	1.3	1.6	1.4	0.4	0.8	0.5	65.21
	0.8	9 915.4	10 291.9	10 080.5	9 387.3	9 501.3	9 421.2	6.54
R	0.4	8 733.4	8 948.9	8 828.3	8 301.3	8 462.9	8 358.6	5.32
	1	1 183.3	1 344.6	1 253.6	1 001.2	1 187.4	1 032.7	17.62
平均值		4 958.35	5 146.75	5 040.95	4 644.94	4 784.68	4 699.41	11.90

表5.10　GASA与GATS算法对比结果

参数	取值	GASA Min.sol	GASA Max.sol	GASA Avg.sol	GATS Min.sol	GATS Max.sol	GATS Avg.sol	平均值提高率（%）
N	30	1 340.8	1 560.9	1 435.1	1 320.5	1 402.9	1 324.8	7.69
	50	2 666.9	3 174.6	2 882.6	2 560.2	2 835.6	2 745.1	4.77
	70	5 256.1	6 224.5	5 619.7	5 600.1	5 720.5	5 630.4	-0.19
	90	8 403.9	9 618.2	8 915.1	9 099.3	9 242.1	9 184.1	-3.02

157

续表

参数	取值	GASA Min.sol	GASA Max.sol	GASA Avg.sol	GATS Min.sol	GATS Max.sol	GATS Avg.sol	平均值提高率(%)
M	4	6 382.8	7 460.3	6 808.5	6 950.4	7 154.6	7 060.5	-3.7
	6	4 271.8	4 981.7	4 558.4	4 401.1	4 516.4	4 427.0	2.88
	8	2 596.2	2 991.7	2 774.5	2 436.8	2 594.5	2 490.5	10.23
F	$N/7+1$	4 369.1	5 073.8	4 661.8	4 685.4	4 801.7	4 718.9	-1.23
	$N/8+1$	4 464.7	5 215.4	4 764.5	4 640.2	4 780.2	4 698.1	1.39
τ	0.4	0.66	6.9	2.9	0.4	0.8	0.5	82.75
	0.8	8 833.2	10 282.2	9 423.5	9 387.3	9 501.3	9 421.2	0.02
R	0.4	7 891.1	8 864.0	8 268.8	8 301.3	8 462.9	8 358.6	-1.09
	1	942.7	1 425.1	1 157.4	1 001.2	1 187.4	1 032.7	10.77
平均值		4 416.92	5 144.56	4 713.27	4 644.94	4 784.68	4 699.41	8.56

根据计算结果，大多数的试验问题是工期松紧系数较大即紧工期（如 $\tau=0.8$），工期阈值比较小（如 $R=0.4$），总体来说，GATS 算法的性能优于 ABC 和 GASA，且总拖延时间随着工件数和机器数的增加而增加。当 $R=0.4$，$\tau=0.8$ 时，总拖延时间也在增加，GATS 算法比 GASA 和 ABC 算法的目标最优解平均值分别提高了 11.90% 和 9.93%，GATS 算法的最小、最大和平均总拖延时间分别为 4 644.94、4 784.68 和 4 699.41。虽然 GATS 算法有些最优目标平均值没有 GASA 算法结果好，但是总的平均值提高率为 8.56，说明 GATS 算法还是优于 GASA 算法的。

基于 GATS 混合算法的最优作业切换不相关并行机成组调度研究 5

5.6 本章小结

本章研究了基于成组技术的最优作业切换的不相关并行机调度问题，考虑了工期等约束。在实际生产中，由于机器新旧程度、规格型号的差异导致机器的加工速率不同，因此本章研究了不相关并行机调度问题，以最小化总拖延时间为优化目标。首先确定了所有工件组在各机器上的分配，其次确定同一台机器上的各工件的排列顺序。工件组之间存在切换时间，不同的加工顺序导致作业切换时间不同，并且相同工件在不同机器上的切换时间不同。之后应用 GATS 算法进行问题求解，首先采用了田口设计方法的 SNR 对算法参数进行了优化，其次对不同规模的调度问题对比了 ABC 算法和 GASA 算法运行结果，结果显示 GATS 算法具有很好的寻找最优解的能力。

6 基于QCSO混合算法的最优作业切换柔性Job-shop调度研究

基于 QCSO 混合算法的最优作业切换柔性 Job-shop 调度研究

6.1 引言

Bruker 和 Schile 在 1990 年首次提出了柔性 Job-shop 调度问题（Flexible Job-shop Scheduling Problem，FJSP）的概念，FJSP 是传统作业车间调度问题的扩展。该柔性包括作业车间调度中机器的柔性和工件加工路线的柔性。工件的每道工序可以选择在多台机器上进行加工，而且同一工件在不同机器上的加工时间不同。针对 C2M 生产模式导致频繁的作业切换问题，考虑作业切换时间的柔性 Job-shop 调度更加符合实际生产情况，但这会增加调度管理的灵活性和复杂度，是离散型制造企业实现提质增效亟待解决的调度问题。

作业车间是制造企业的中心，在 MIS 执行系统中会产生大量的生产实时信息，其调度与控制系统的敏捷性在一定程度上决定了企业生产的敏捷性。在 C2M 生产模式下，单件小批量的特征更加明显，产品种类多、数量少、生产重复性低、工艺过程变更多、作业切换频繁、无法采用专用生产机器和工艺装备，工作场地的专业化程度低，生产准备工作量大，瓶颈生产情况多变。不同的作业排序产生不同的作业切换时间，由于产品重复率极低，导致无法获得不同排序的作业切换时间，降低了设备利用率，增加了生产计划的制订与执行难度。因此，研究优化调度方案，对于缩短生产过程中的作业切换时间，提高加工效率和设备等资源利用率，优化车间生产性能，提高企业生产质量和效率等都具有重要的理论价值和实际意义。目前，作业车间调度由于问题本身复杂、产品的交付期不同、调度方案优化性能不好，跟不上产品的结构和工艺多变性要求，也无法应对随机因素的干扰影响，使企业的加工资源和生产能力得不到充分的发挥和利用，导致产品的交付率和生产效率降低。

随着 C2M 生产模式的转变，作业切换时间对作业车间调度影响越来越明显。学者们开始关注并研究排序依赖作业切换时间的作业车间调度问题。Shen,L.针对排序依赖作业切换时间的经典作业车间调度问题，根据修改后的析取图，研究了车间调度结构，提出了具有完善的相邻结构的禁忌搜索算法。喻明让等人提出了一种考虑作业切换时间的作业车间调度与预防性维修集成方法，该方法根据机器的运行时间和故障概率分布能够获得更合理的预防性维修方案，实现了提高车间调度性能的目标。李峥峰研究了多时间因素的柔性 Job-shop 调度问题，采用遗传算法进行求解。其中，多时间因素包括工件运输时间和作业切换时间，但没有考虑机器上工件工序不同加工顺序的切换时间；工件的完成时间只考虑了工件的到达时间、加工时间和等待时间。殷欢等人针对经典 FJSP，考虑了实际生产中普遍存在的多种不确定时间因素的影响，比如机器调试时间、机器维修时间和产品运输时间等，建立了一种基于不确定多时间因素影响的 FJSP 模型，通过改进的人工鱼群算法进行模型求解。Ozguven,C 等人提出了一种目标混合整数规划算法解决包含排序依赖作业切换时间和排序独立于作业切换时间的柔性 Job-shop 调度问题，采用该算法求解了一个规模较小的调度实例。Imanipour,N 研究了排序依赖切换

基于 QCSO 混合算法的最优作业切换柔性 Job-shop 调度研究

时间的柔性 Job-shop 调度问题，采用禁忌搜索算法进行最小化总完工时间目标求解。Grobler,J 等人研究了排序依赖作业切换时间和机器故障时间等约束的多目标柔性 Job-shop 调度问题，应用元启发式算法进行问题求解。Groflin,H 等人将工件运输时间和机器调整时间进行综合考虑，构建了没有存储缓冲的柔性 Job-shop 调度模型，并应用禁忌搜索算法进行求解。Allahverdi 和 Soroush 提出，作业车间调度中，作业切换时间和作业切换成本具有至关重要的作用，在调度研究中将作业切换时间从传统的加工时间中分离出来，能够有效地提高设备利用率。Viond 和 Sridharan 研究了排序依赖作业切换时间的动作作业车间调度问题，构建了作业车间调度的离散仿真模型。应用两种调度规则进行仿真，结果证明以作业切换时间为导向的调度规则优于普通规则。Gonzalez 等人和 Velar 等人结合遗传算法和局部搜索解决了排序依赖作业切换时间的作业车间调度问题，结果证实混合算法优于其他算法。Fantahun M. Defersha 等人用并行遗传算法求解排序依赖作业切换时间的柔性 Job-shop 调度问题。

以上研究排序依赖作业切换时间的柔性 Job-shop 调度问题时，采用了各种智能算法进行求解单目标或者多目标调度问题，没有从加工工件自身特征出发优化作业切换，完全依赖智能算法。对于较大规模问题，算法稳定性和寻优质量不一定好，并且单一智能算法本身存在不足，因此，本章提出了基于改进量子猫群算法和成组技术进行求解排序依赖作业切换时间的柔性 Job-shop 调度问题，采用量子比特的概率幅作为猫群当前位置的编码，有利于增加算法种群多样性，并提高搜索效率。

Ajit Narayanan 和 Mark Moore 等人于 1996 年提出了量子衍生遗传算法，将量子理论引入遗传算法中，采用量子比特实现染色体编码，并通过量子门更新染色体，可以通过小规模种群实现较大空间的搜索，具有较强的全局搜索能力，很好地融合了量子计算与智能算法。种群编码方式和进化策略的构造是量子计算与进化算法的主要融合点。在量子进化算法中，个体的编码采用量子位的概率幅，个体进化通过量子比特相位旋转来实现，个体变异通过量子非门来实现，保证了种群的多样性。量子进化算法自提出以来，已经和较多传统算法进行了结合应用。主要包括量子遗传算法、量子粒子群算法、量子克隆进化算法、免疫量子进化算法和混合量子算法等。

猫群算法（Cat Swarm Optimization，CSO）由台湾学者 Shu-Shuan Chu 等人于 2007 年首次提出，CSO 是一种基于猫群行为的全局优化算法，该算法是一种新型的群体智能算法。猫的主要行为特征可以描述为寻觅模式和跟踪模式。猫群算法结合了这两种模式进行全局搜索寻找最优解。搜寻模式模拟猫在观察周围、搜寻下一个移动位置的情况。搜索模式有 4 个基本要素，即记忆池（Seeking Memory Pool，SMP）、变化域（Seeking Range of the Selected Dimension，SRD）、变化数（Counts of Dimension to Change，CDC）和自身位置判断（Self Position Consideration，SPC）。SMP 记录了猫所搜寻到的所有位置点的集合，每一只猫都有搜寻记忆能力，猫从记忆池中根据适应度函数值的大小来选择最好位置点。SRD 表示选择域的变异率，在猫群搜寻模式中，SRD 决定了每一维的改变范围，该值一般取 0.2。CDC 表示扰动的维数个数，该值是从 0 到总维数范围的随机值。SPC 可判断猫是否将已经经过的位置作

基于 QCSO 混合算法的最优作业切换柔性 Job-shop 调度研究

为将要移动到的候选位置之一，该值是一个布尔值，不影响 SMP 取值。跟踪模式是指模拟猫跟踪目标时的情况。通过改变猫的每一维的速度（即特征值）来更新猫的位置，通过增加一个随机的扰动来改变速度。

CSO 算法提出的时间较短，相关研究相对较少。Panda Ganapati 等人将 IIR 系统识别任务描述为一种优化问题，引入猫群算法以新种群为基础的学习规则。Pradhan Pyari Mohan 等人应用猫群算法解决了多目标优化问题。Sahoo 等人提出了改进的猫群算法进行聚类问题研究。丁岳伟等研究了多目标猫群算法支持下的云计算任务调度问题。猫行为选择方式采用了线性混合比率，提高了局部寻优能力和全局搜索能力，实现了任务与资源的智能调度。吴伟林等人研究了基于差分演化与猫群算法融合的群智能算法，根据分组概率随机将群体划分为两个种群，一个种群为执行搜索模式的猫群，另一种群为执行差分变异模式的猫群，该群智能算法采用了信息共享机制。马邦雄等人针对猫群算法求解大规模调度问题中出现的早熟、搜索效率低等不足，提出了一种改进的量子猫群算法以解决流水车间调度问题，采用量子旋转门的量子位概率幅进行猫群算法的跟踪模式更新和搜索模式中猫群位置的搜索。

CSO 算法主要应用于多目标优化问题及聚类问题研究，对于作业车间调度的研究相对较少。

6.2 问题描述

设有 n 种工件 $\{J_1, J_2, \cdots, J_n\}$ 需要在 m 台机器 $\{M_1, M_2, \cdots, M_m\}$ 上加工，每种工件有一道或者多道工序 $O_{ij}\{O_{11}, O_{12}, \cdots, O_{1i}; O_{21}, O_{22}, \cdots, O_{2j}; \cdots; O_{n1}, O_{n2}, \cdots, O_{nq}\}$，$O_{ij}$ 表示第 i 种工件的第 j 道工序。工件的工序顺序已知，每道工序可以在多台机器上选择加工，同一工序在每台机器上的加工时间不同，安排在同一台机器上加工的工件工序不同，则作业排序产生的作业切换时间不同。安排在机器上加工工件的工序称为运行（Run）。$[i,j,k]$ 表示第 i 种工件的第 j 道工序在机器 k 上加工，O_i 表示工件 i 的总工序数，安排在同一台机器上两个运行的作业切换时间表示为 $s_{o,j,k,o',j'}$，$p_{o,j,k}$ 表示工件 j 的工序 o 在机器 k 上的加工时间，$r_{o,j,k}$ 表示工件 j 的工序 o 在机器 k 上的到达时间，$st_{o,j,k}$ 表示工件 j 的工序 o 在机器 k 上的开始加工时间，$c_{o,j,k}$ 表示工件 j 的工序 o 在机器 k 上的完工时间，$c_{j,k}(\max)$ 表示工件 i 在机器 k 上最后一道工序的完工时间，其中，$j=1,2,\cdots,n$；$o=1,2,\cdots,O_i$；$k=1,2,\cdots,m$。调度规则为考虑作业切换时间和加工时间为每道工序选择合适的机器，并且确定每台机器运行的加工顺序及开工时间，达到最小化总完工时间的优化目标，即 $\min C = \min\{\max C_k | 1 \leqslant k \leqslant m\}$。其中，$C_i$ 表示机器 k 上最后一个加工工件的完工时间。

本书研究的多品种、小批量生产主要针对加工时间短、作业切换时间长

基于 QCSO 混合算法的最优作业切换柔性 Job-shop 调度研究

的情况，由于机器等待工序任务的时间明显小于作业切换时间，因此不考虑等待任务的情况。图 6.1 举例说明了一种初始调度方案。

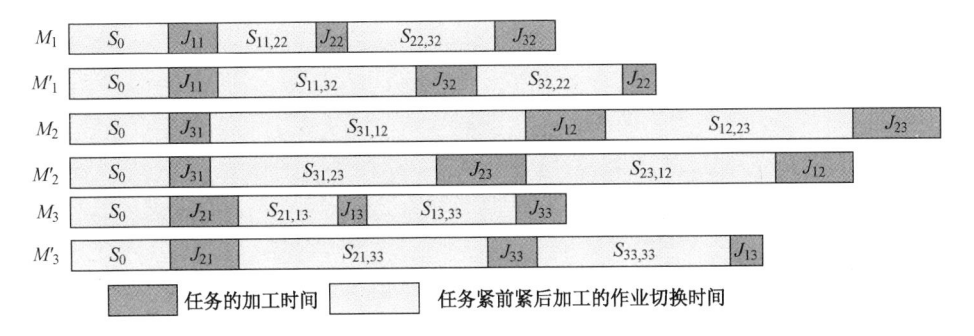

图 6.1 初始调度方案

根据图 6.1 可知，按照 M_1，M'_2，M_3 的调度方案能够得到最小化最大总作业切换时间和最小化最大总流程时间，即在 M_1 上按照 $J_{11} \rightarrow J_{22} \rightarrow J_{32}$，$M'_2$ 上按照 $J_{31} \rightarrow J_{23} \rightarrow J_{12}$，$M_3$ 上按照 $J_{21} \rightarrow J_{13} \rightarrow J_{33}$ 的顺序进行加工。

安排在一台机器上工件的工序称为运行（run），在同一台机器上加工的多个 run 不同的排序产生的作业切换时间不同，并且每台机器上有初始作业切换时间，不同 run 安排在机器上第一位加工的初始作业切换时间大小与加工任务特征有关，即不同 run 的初始作业切换时间不同。机器上安排紧后加工工件的工序必须保证该工件的前道工序已经完成，其次考虑作业切换较小的任务，最终目标使完工时间最小。

6.3 模型构建

1. 假设

（1）每种工件的工序加工顺序已知，工件到达时间集中。

（2）每道工序可以在一台或者多台机器上加工，不同机器上的加工时间不同。

（3）工艺约束：所有工件的各工序之间存在先后约束顺序。

（4）资源约束：同一时刻每台机器只能加工一道工序，每种工件在某一时刻最多只能在一台机器上加工。

（5）安排在同一台机器上加工的紧前紧后任务产生作业切换时间，并且产生排序依赖作业切换时间。

（6）安排任务考虑生产资源分配，考虑瓶颈设备的加工负荷。

（7）同一工件在同一时刻启动的工序数不多于一个。

（8）同一台机器在同一时刻启动的操作数不多于一个。

2. 参数及变量描述

参数及变量表见表6.1。

基于QCSO混合算法的最优作业切换柔性Job-shop调度研究

表6.1 参数及变量表

指标	说明
J	工件集合
O	工序集合
M	机器集合
$[i,j,k]$	第i种工件的第j道工序在机器k上加工
参数	说明
$p_{o,j,k}$	工件j的工序o在机器k上的加工时间
$s_{o,j,k,o',j'}$	同一台机器上两个运行的作业切换时间表
$r_{o,j,k}$	表示工件j的工序o在机器k上的到达时间
$st_{o,j,k}$	表示工件j的工序o在机器k上的开始加工时间
R_m	安排在机器m上最大的run数量,$r=1,2,\cdots,R_m$
L	足够大的正数
变量	说明
$c_{o,j,k}$	表示工件j的工序o在机器k上的完工时间
$c_{r,k}$	在机器k上加工第r个运行的完工时间
$c_{j,k}(\max)$	表示工件i在机器k上最后一道工序的完工时间
$x_{o,j,k}$	如果工件j的工序o在机器k上加工为1,否则为0
$y_{r,k,o,j}$	如果机器k上加工的第r个运行是工件j的工序o为1,否则为0

3. 数学模型

目标函数:
$$\min C_{\max} = \min\{\max C_k \mid 1 \leqslant k \leqslant m\} \tag{6.1}$$

约束条件满足:

$$c_{\max} \geqslant c_{o,j,k} \tag{6.2}$$

$$c_{r,k} \geqslant c_{o,j,k} + L \times y_{r,k,o,j} - L \tag{6.3}$$

$$c_{r,k} - p_{o,j,k} - s_{o,j,k,o',j'} - L \times (y_{r,k,o,j} + y_{r-1,k,o',j'} + 2L \geqslant c_{r-1,k}$$
$$\{(r>1) \cap (o,j) \neq (o',j')\} \tag{6.4}$$

$$y_{r,k,o,j} \leqslant x_{o,j,k} \tag{6.5}$$

$$\sum_{k=1}^{m}\sum_{r=1}^{R_m} y_{r,k,o,j} = 1 \tag{6.6}$$

$$y_{r',k,o',j} \leqslant y_{r,k,o,j}, \{(o'>o) \wedge (r'<r)\} \tag{6.7}$$

$$y_{r',k,o',j} \leqslant 1 - y_{r,k,o,j}, \{(o'<o) \wedge (r'>r)\} \tag{6.8}$$

式（6.1）表示以工件的最大完工时间 $C_{\max}$ 为目标函数，C_k 表示机器 k 上的完工时间。式（6.2）保证目标函数值是最大完工时间。式（6.3）和式（6.4）说明工件 j 的第 o 个工序恰好就是机器 k 上加工的第 r 个运行。式（6.5）和式（6.6）说明工件的每个工序只能分配在一台可选择机器上的一个运行进行加工。式（6.7）说明如果工件 j 的第 o 个工序是安排在机器 k 上的第 r 个运行进行加工，则工件 j 的任何紧后工序 o' 不能安排在机器 k 上比第 r 个运行更早的任何 r' 运行。式（6.8）是式（6.7）的对称约束，说明如果某个工件的某道工序安排为机器上的某个运行进行加工，则该工件任何更早的工序不能安排在该机器上更早的运行进行加工，即保证该工件的紧前工序已经开始加工。

基于 QCSO 混合算法的最优作业切换柔性 Job-shop 调度研究

6.4 算法设计

猫群算法（CSO）是一种新型群体智能算法，由于该算法提出的时间较短，应用于作业车间调度较少，对其方法的改进更少。为了更好、更快地求解作业车间调度问题，本章采用了量子猫群算法（Quantum Cat Swarm Optimization，QCSO），引入了量子计算方法和编码方式，通过量子概率幅更新猫群位置，增加了种群的多样性，并提高了搜索效率，同时采用动态调整策略将量子旋转角和猫群模式选择配比 MR 进行参数变化调整，尽量避免陷入局部最优。量子猫群优化算法是基于量子计算原理的一种猫群优化算法。采用量子的态矢量进行编码，利用量子角进行猫群位置更新，取得了比猫群算法更好的效果。

在经典计算中，采用 0 和 1 二进制数表示信息，通常称它们为比特（bit）。在量子计算中，采用 $|0\rangle$ 和 $|1\rangle$ 表示微观粒子的两种基本状态，称为量子比特（quantum bit，qubit），单量子比特的任意状态都可以表示为这两个基本状态的线性组合。称 $|\ \rangle$ 为狄拉克（Dirac）记号，它在量子力学中表示状态，比特和量子比特的区别在于量子比特的状态除了 $|0\rangle$ 和 $|1\rangle$ 之外，还有线性组合状态，即叠加态（+superposition），即

$$|\varphi\rangle = \alpha|0\rangle + \beta|1\rangle \tag{6.9}$$

其中，α 和 β 是一对复数，称为量子态的概率幅，即量子态 $|\varphi\rangle$，因测量导致或者以 $|\alpha|^2$ 的概率坍缩（collapsing）到 $|0\rangle$，或者以 $|\beta|^2$ 的概率坍缩到 $|1\rangle$，且满足：

$$|\alpha|^2 + |\beta|^2 = 1 \tag{6.10}$$

因此，量子态也可以根据概率幅表示为 $|\varphi\rangle = [\alpha, \beta]^T$。式（6.9）中，当 $\alpha=1$，$\beta=0$ 时，量子态 $|\varphi\rangle$ 为基本状态 $|0\rangle$，可以表示为 $[1,0]^T$；当 $\alpha=0$，$\beta=1$ 时，量子态 $|\varphi\rangle$ 为基本状态 $|1\rangle$，可以表示为 $[0,1]^T$。

一个量子个体是以量子比特为最小单位的字符串。一个长度为 n 的量子个体可表示为：

$$\begin{bmatrix} \alpha_1 & \alpha_2 & \cdots & \alpha_i & \cdots & \alpha_n \\ \beta_1 & \beta_2 & \cdots & \beta_i & \cdots & \beta_n \end{bmatrix} \tag{6.11}$$

其中，(α_i, β_i) 构成一个量子位，$|\alpha_i|^2 + |\beta_i|^2 = 1$，$i = 1, 2, \cdots, n$。

考虑 n 量子比特系统，该系统中有 2^n 个形如 $|x_1 x_2 \cdots x_n\rangle$ 的基本状态，其量子状态由 2^n 个概率幅所确定，则 n 量子比特处于 2^n 个基本状态的叠加态：

$$|\varphi\rangle = \sum_{x \in |0,1|} a_x |x\rangle \tag{6.12}$$

其中，a_x 为基本状态 $|x\rangle$ 的概率幅，满足：

$$\sum_{x \in |0,1|} |a_x|^2 = 1 \tag{6.13}$$

基于 QCSO 混合算法的最优作业切换柔性 Job-shop 调度研究

比如当 $n=3$ 时，

$$|\varphi\rangle = a_{000}|000\rangle + a_{001}|001\rangle + a_{010}|010\rangle + a_{011}|011\rangle$$
$$+ a_{100}|100\rangle + a_{101}|101\rangle + a_{110}|110\rangle + a_{111}|111\rangle \quad (6.14)$$

其中，概率幅满足：

$$|a_{000}|^2 + |a_{001}|^2 + |a_{010}|^2 + |a_{011}|^2 + |a_{100}|^2 + |a_{101}|^2 + |a_{110}|^2 + |a_{111}|^2 = 1 \quad (6.15)$$

CSO 是一个连续迭代和循环的过程。以下是其具体的运行步骤。

Step1：确定猫群数量为 N，即迭代的个体数。

Step2：将猫群随机投放到 M 维解空间，在最大速度范围内，对每只猫的速度随机赋值。根据 MR 值随机选择猫的数量和集合进入跟踪模式，剩余集合进入搜索模式。

Step3：评估每只猫的适应度值。根据猫的位置计算适应度函数值，即优化目标规则，保证最好的猫进入记忆池。仅仅需要记忆最好的猫位置（x_{best}），它代表了最优解。

Step4：根据标志移动猫群，如果 c_k 是搜索模式，应用搜索过程进行求解，反之应用跟踪模式过程进行求解。

Step5：根据 MR 值重新选择猫群数量和集合进入跟踪模式，其他猫群集合进行搜索模式。

Step6：选择终止条件，如果满意，终止运行，否则重复 Step3 到 Step5。

◎ 6.4.1 编码机制

主要的编码方式有基于工件的编码、基于工件对关系的编码、基于操作的编码、基于机器的编码、基于优先规则的编码、基于完成时间的编码、基于先后表的编码、基于析取图的编码和随机键编码。基于工序编码和邻域搜索策略的遗传算法优化作业车间调度问题是将关键工序的邻域搜索移动与基于工序的编码方式相结合,避免产生不可行解及检测修复的染色体等工作。

在 QCSO 算法中,采用量子比特的概率幅作为猫群当前位置的编码,量子比特编码方式包括整个解空间,为激发种群复杂的寻优行为,个体变化通过量子比特的塌缩行来实现,再根据概率找到全局最优解。本章定义规模为 N 的第 t 代种群表达为 $Q(t) = \{q_1^t, q_2^t, \cdots, q_N^t\}$,$q_i^t$ 为 $Q(t)$ 的一个染色体,对于 n 个工件 O 个工序 m 台机器的柔性 Job-shop 调度问题,量子编码的染色体长度为 $L = ([\log_2^n]+1) \times n \times o$,其中,$[x]$ 表示不大于 x 的整数。染色体可以表述为:

$$q_i^t = \begin{pmatrix} \alpha_{i1}^t & \alpha_{i2}^t & \cdots & \alpha_{in \times m}^t \\ \beta_{i1}^t & \beta_{i2}^t & \cdots & \beta_{in \times m}^t \end{pmatrix}, j=1,2,\cdots,N \tag{6.16}$$

式中,$\left(\alpha_{ij}^t, \beta_{ij}^t\right)^T$,$(i=1,2,\cdots,n \times m)$ 为一个量子比特,满足 $\left|\alpha_{ij}^t\right|^2 + \left|\beta_{ij}^t\right|^2 = 1$。$\left|\alpha_{ij}^t\right|^2$ 和 $\left|\beta_{ij}^t\right|^2$ 分别表示塌缩为 0 和 1 的概率值。根据观察,$Q(t)$ 可塌缩为 0 和 1 组成的二进制串 $P(t)$。测量过程为:随机产生一个[0,1]区间数,比较该数值和概率幅的平方,如果大于概率幅的平方,测量结果为 1,否则为 0;通过测量得到

二进制串，长度为 L，同时对每 L 个二进制进行转化成十进制，其范围在 0～ n 之间，从而得到一个长度为 n×o 的十进制串，对十进制串进行从小到大排序，得到大小位置，并对其进行工序编码。

◎ 6.4.2 解码机制

排序依赖作业切换时间的作业车间调度问题，在满足工艺约束条件下，在保证工件紧前工序加工完成的情况下，满足同一台机器上加工次序的作业切换时间最小，使工件的最大完工时间等性能指标达到最优。量子比特通过概率幅对解的一种线性叠加态，需要解码机制，将线性叠加态的解转换为十进制的解。由于 $[\log_2 n]+1 \geq \log_2 n$，因此，每 $[\log_2 n]+1$ 个二进制串转化为一个十进制数，最终获得一个长度为 $m×n$ 的十进制串。十进制串按照大小顺序排列以保持每个数在十进制串中的相对位置不变，最小的前 m 个数表示第一个工件，次小的 m 个数表示第二个工件，以此类推，最后最大的 m 个数表示第 n 个工件，这样就得到了基于工序编码的十进制串。

Step1：设 $P(t)$ 为 Q 位的量子比特个体：

$$P(t) = \begin{bmatrix} \alpha_1' & \alpha_2' & \cdots & \alpha_n' \\ \beta_1' & \beta_2' & \cdots & \beta_n' \end{bmatrix} \quad (6.17)$$

其中，t 表示量子比特的代数，为了增加每个解被搜索到的机会，在初始种群中，α_i^0 与 $\beta_i^0 (i=1,2,\cdots,n)$ 都取 $\dfrac{\sqrt{2}}{2}$。

Step2：随机产生一个 [0,1] 随机数 r，如果 $|\alpha_i'|^2 > r^2$，则令 $x_i(t)=1$，反之，

则令 $x_i(t)=0(i=1,2,\cdots,n)$。对于每个 $P(t)$，可以得到一个长度为 n 的二进制串 $X(t)=(x'_1,x'_2,\cdots,x'_n)$。

Step3：在 $X(t)$ 中，将每个 $[\log_2 n]+1$ 个二进制串转化为十进制串，得到长度为 $m\times n$ 的十进制串 $D(t)=(d'_1,d'_2,\cdots,d'_{m\times n})$。

Step4：将 $D(t)$ 中的数按从小到大进行排序，最小的 m 个数表示第一个工件，接下来的 m 个数表示第二个工件，以此类推。该过程中保持每个数在 $D(t)$ 中的相对位置不变。因此，可以得到 n 个工件序号每个都重复 m 次的一个排列 $W(t)$。$W(t)$ 中第 j 次出现的数 i 将表示第 i 个工件的第 j 道工序。如果在 $D(t)$ 中出现相等的数字，则位置序号较小的数代表较小工序号的工件。

4×3 规模问题的加工数据见表 6.2，具体的解码过程如下。

表 6.2 4×3 规模问题加工数据

工件	机器号		
1	1	2	3
2	3	1	2
3	1	3	2
4	2	3	1

以 4 个工件 3 台机器的 4×3 规模的作业车间调度问题为例，则 $P(t)$ 为 36 位量子比特位的染色体，对 $P(t)$ 进行观测，得到的 36 位二进制串 $X(t)=\{0,1,1,1,0,1,1,0,1,1,0,0,1,1,0,0,0,0,1,1,1,0,0,0,0,1,0,0,1,0,0,0,1,1,1,0\}$，则 $D(t)=(2,2,2,0,3,0,3,0,1,1,1,2)$，因此，位置 4、6 和 8 为工件 1；位置 9、10 和 11 为工件 2；位置 1、2、3 为工件 3；位置 5、7、12 为工件 4。$W(t)=(3,3,3,1,4,1,4,1,2,2,2,4)$。

基于 QCSO 混合算法的最优作业切换柔性 Job-shop 调度研究

位置 1 中的 3 表示第 3 个工件的第 1 道工序，位置 6 中的 1 表示第 1 个工件的第 2 道工序；位置 12 中的 4 表示工件 4 的第 3 道工序。工序基因为：101 201 202 102（$x0y$ 表示第 x 个工件的第 y 道工序），然后再根据已经生成的工序基因来选择对应的机器基因，如 $x0y$ 的可选机器为 JM={a,b,c}，则随机生成在可选机器数范围内的离散整数如生成 2，表示选择对应的机器 b，最后根据工序基因和机器基因计算适应度函数。任何一个量子比特都可以解码为一个可行调度解，该方法的优点是不会产生非法解。

◎ 6.4.3 搜索模式

搜索模式能够获得个体局部最优解。根据 MR 值先确定搜索模式下猫群的个体，然后对每个个体进行局部搜索，采用变异算子，对其量子编码进行位置互换后，评价适应度值，如果优于当前解，则替代当前最优解。搜索模式具体步骤如下。

Step1：将猫的当前位置 c_k 复制 j 份副本放在记忆池中，令 j=SMP，即记忆池的大小为 j；如果 SPC 的值为真，令 j=(SMP-1)，将当前位置保留为候选解。

Step2：根据 CDC 的大小，记忆池中的每个个体副本随机地对当前值加上或者减去 SRD%（变化域由百分率表示），并更新原来值。

Step3：分别计算记忆池中所有候选解的适应度值（Fitness Values，FS）。

Step4：从记忆池中选择 FS 最高的候选点来代替当前猫的位置，完成猫的位置更新。

Step5：从猫的候选位置随机选择位置进行移动，并且替代位置 c_k。

$$P_i = \frac{|FS_i - FS_b|}{FS_{max} - FS_{min}}, 0 < i < j \tag{6.18}$$

如果适应度函数的目标值为寻找最小值，则 $FS_b=FS_{max}$，否则 $FS_b=FS_{min}$。

◎ 6.4.4 跟踪模式

跟踪模式下的猫根据自身的速度向每个维度方向移动，使猫群个体朝全体最优靠近，通过与群体最优位置进行比较来更新个体的位置，采用交叉算子进行全局搜索，跟踪猫群个体跟踪该个体历史最优和当前猫群全局最优。交叉算子如下：

个体　　　　　　　$\alpha_1, \alpha_2, \cdots, |\alpha_i, \cdots, \alpha_j|, \cdots, \alpha_l$

个体历史极值　　　$\beta_1, \beta_2, \cdots, |\beta_i, \cdots, \beta_j|, \cdots, \beta_l$

交叉后产生的新个体　$\alpha_1, \alpha_2, \cdots, |\beta_i, \cdots, \beta_j|, \cdots, \beta_l$

跟踪模式具体步骤可以描述如下。

Step1：更新每个维度方向的速度 $v_{i,d}$。将整个猫群经历过的最好位置更新，即目前搜索到的最优解，记做 x_{best}。每只猫的速度记做 $v_i = \{v_{i1}, v_{i2}, \cdots, v_{id}\}$，每只猫根据式（6.19）来更新自己的速度。

$$v_{i,d} = v_{i,d} + r_1 * c_1 * (x_{best,d} - x_{i,d}), \quad d=1,2,\cdots,M \tag{6.19}$$

式中，$x_{best,d}$ 表示具有最好适应度值的猫的位置，$x_{i,d}$ 表示猫 c_k 的位置，c_1 是常数，$r_1 \in [0,1]$。$v_{i,d}$ 表示更新后第 i 只猫在第 d 维的速度值，M 为维数大小；$x_{best,d}(t)$ 表示猫群中当前具有最好适应度值的猫的位置。

Step2：判断速度是否在最大速度 SRD 范围内。为了防止其变化过大，给每一维的变异加一个限制范围，这也造成了盲目随机搜索解空间。SRD 提前给定，如果每一维改变后的值超出了 SRD 的限制范围，则将其设定为给定的边界值。

Step3：位置更新。利用更新后的速度来更新猫的位置，表示为：

$$x_{i,d} = x_{i,d} + v_{i,d}, \quad d=1,2,\cdots,M \tag{6.20}$$

在猫群算法中，猫为待求优化问题的可行解。猫群算法中，一部分猫执行观察搜寻模式，剩下的猫则执行跟踪模式，两种模式通过混合率（Mixture Ratio，MR）进行交互，MR 表示执行跟踪模式下猫的数量在整个猫群中所占的比例。由于猫大部分时间是在休息或观察环境，真正跟踪和捕获的时间很短，因此，在程序中 MR 应为一个较小的值。

◎ 6.4.5 量子旋转角更新

量子门作为演化操作的执行机构，可以根据具体问题进行选择，目前已有的量子门有多种，本章根据量子猫群算法的计算特点，选择了量子旋转门进行猫群位置的更新。量子旋转门的调整操作为：

$$G(\theta_i) = \begin{bmatrix} \cos(\theta_i) & -\sin(\theta_i) \\ \sin(\theta_i) & \cos(\theta_i) \end{bmatrix} \tag{6.21}$$

更新过程为：

$$\begin{bmatrix} \alpha_{ij}^{t+1} \\ \beta_{ij}^{t+1} \end{bmatrix} = G \begin{bmatrix} \alpha_{ij}^{t} \\ \beta_{ij}^{t} \end{bmatrix} = \begin{bmatrix} \cos(\Delta\theta_{ij}^{t+1}) & -\sin(\Delta\theta_{ij}^{t+1}) \\ \sin(\Delta\theta_{ij}^{t+1}) & \cos(\Delta\theta_{ij}^{t+1}) \end{bmatrix} \begin{bmatrix} \alpha_{ij}^{t} \\ \beta_{ij}^{t} \end{bmatrix} \quad (6.22)$$

跟踪模式下，猫 P_i 上量子位幅角增量的更新为：

$$\Delta\theta_{ij}^{t+1} = \Delta\theta_{ij}^{t} + c_1 \times r_1 \times (\theta_{gj} - \theta_{ij}) \quad (6.23)$$

令 $\theta_{gj} - \theta_{ij} \in [-\pi, \pi]$，如果超出范围，则记为 $\pm 2\pi$。

搜索模式下，通过量子位幅角的小范围波动来实现随机扰动，即

$$\Delta\theta_{ij}^{t+1} = c_2\pi \times r_1 \quad (6.24)$$

其中，c_1 和 c_2 为常数，r_1 为[0,1]范围内的随机数。

同时，标准的猫群算法是以某个固定的比例，分配整个猫群在执行搜寻模式和跟踪模式上的数量。然而猫群算法在进化过程中对全局搜索和局部搜索的要求是不一样的，这样便不能有效地提高算法的搜索能力。针对此项不足，提出了随迭代次数可变的猫群行为模式选择方法，即

$$MR = MR_{max} - (MR_{max} - MR_{分钟})' \times L / n_{max} \quad (6.25)$$

式中，n_{max} 为最大迭代次数，L 为当前运行次数。为了提高算法的全局搜索能力和收敛速度，算法运行前期采用较大概率的跟踪猫群；为了提高算法的局部搜索能力，算法运行后期采用较大概率的搜索猫群，保证算法的收敛性质。

◎ 6.4.6 适应度函数

本书的优化目标为最小化总完工时间,当种群数量较大,采用精英策略选择个体进行量子交叉,以优化目标最小化总完工时间为适应度函数。由于种群数量大,最优个体与最差个体被选择的概率将非常接近。为了使较优个体具有较大的被选择概率,我们选择适应度函数。

$$F(x)=M_t(x)-M_B（\min） \quad (6.26)$$

式中,$M_t(x)$ 与 M_B（min）分别为第 t 代个体中当前个体的完工时间与当前最小完工时间,即当前最优解。

◎ 6.4.7 量子猫群优化算法流程

量子猫群优化算法的算法流程如下。

（1）初始化种群 $Q(t_0)$,随机生成 n 个以量子比特位编码的染色体。

（2）染色体解码将量子位编码转化为十进制。

（3）对初始种群 $Q(t_0)$ 中的每个个体进行测量,得到对应的确定解 $P(t_0)$。

（4）对各确定解进行适应度值评估,并保存最优个体和对应的适应度值。

（5）根据 MR 值确定猫群个体搜索和跟踪状态,判断计算过程是否可以结束,若满足结束条件则结束退出,否则继续计算。

（6）对种群 $Q(t)$ 中的每个个体实施一次测量,得到相应的确定解。

（7）对各确定解进行适应度值评估。

（8）利用量子旋转门 $G(t)$ 对猫群个体位置进行更新，得到新的种群 $Q(t+1)$。

（9）保存最优猫群最优个体和对应的适应度值。

（10）将迭代次数 t 增加 1，返回步骤（5）。

对应的量子猫群算法流程图如图 6.2 所示。

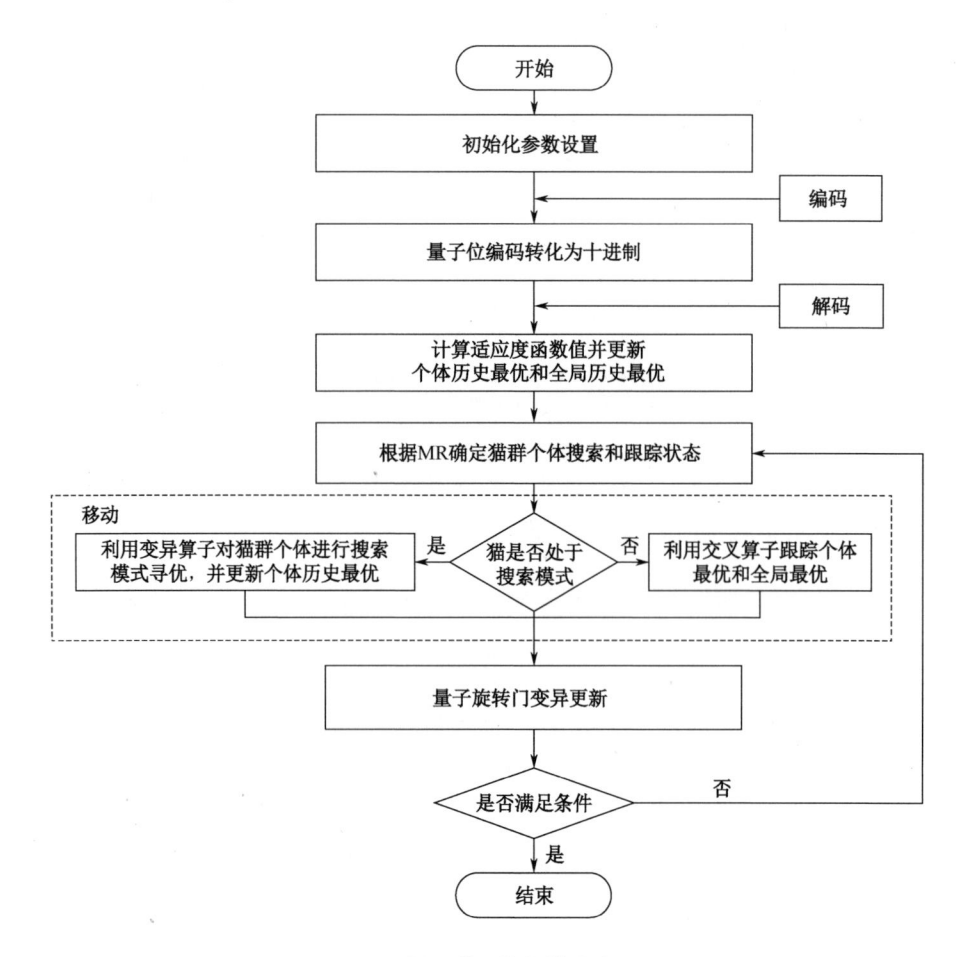

图 6.2　量子猫群优化算法流程图

6.5 算法有效性验证

◎ **6.5.1 数据生成**

本章以 2×4、4×4、6×4、8×4 和 10×4 五种规模问题为例对算法有效性进行验证，每种工件有 4 个工序。比如 8×4 表示有 8 种工件分别在 4 台机器上加工。本章仿真分析的相关数据来自文献，工件的工序可以在多台机器上加工，安排在不同机器上相同加工任务的加工时间和作业切换时间不同，并且作业切换时间矩阵是不对称矩阵，部分数据见表 6.3 至表 6.16。每台机器上都有初始作业切换时间，并且作业切换时间长短也不同。数据表中，J_i 指第 i 个工件，O_j 指第 j 个工序，J_{ij} 指工件 i 的第 j 个工序，M_i 指机器编号。

表 6.3 4×4 规模问题各工序可选机器表

工件（工序）	J_1	J_2	J_3	J_4
O_1	1,2	2	1,2,3	4
O_2	2,3	1,4	3	1,2
O_3	3	1,3	2,3,4	1,2
O_4	1,2,3	3	1	2,4

表6.4　4×4规模问题各工件加工时间（分钟）

工件	J_1	J_2	J_3	J_4
O_1	87,140	200,220,200	165,150	1 102.5,1 347.5,1 125
O_2	210,192	280,260	165,135,165	1 102.5,1 125,1 125
O_3	245,280,262	240,200	150,180	1 100,1 200
O_4	245,262	230,270	140,160	1 000,1 050

表6.5　4×4规模问题初始作业切换时间表（分钟）

机器编号 工件	M_1	M_2	M_3	M_4
J_1	220	90	80	45
J_2	120	85	60	85
J_3	235	75	65	127
J_4	167	129	109	68

表6.6　4×4规模问题 M_1 上任务的作业切换时间矩阵表（分钟）

工件	J_1	J_2	J_3	J_4
J_1	0	250	176	155
J_2	260	0	248	165
J_3	210	50	0	218
J_4	220	60	205	0

表6.7　4×4规模问题 M_2 上任务的作业切换时间矩阵表（分钟）

工件	J_1	J_2	J_3	J_4
J_1	0	190	161	292
J_2	220	0	146	224
J_3	260	122	0	158
J_4	215	114	171	0

基于 QCSO 混合算法的最优作业切换柔性 Job-shop 调度研究

表 6.8　4×4 规模问题 M_3 上任务的作业切换时间矩阵表（分钟）

工件	J_1	J_2	J_3	J_4
J_1	0	235	231	285
J_2	260	0	162	159
J_3	290	193	0	202
J_4	228	213	152	0

表 6.9　4×4 规模问题 M_4 上任务的作业切换时间矩阵表（分钟）

工件	J_1	J_2	J_3	J_4
J_1	0	252	203	252
J_2	65	0	146	156
J_3	154	68	0	159
J_4	121	154	154	0

表 6.10　8×4 规模问题各工序可选机器表

工件	J_1	J_2	J_3	J_4	J_5	J_6	J_7	J_8
O_1	2,3	1,2,4	2,4	1,2,4	1,2	1,4	2,3	4
O_2	1,3	1,3	1,2,4	1,2,4	2,4	2,3	2,3,4	1,2
O_3	1,2,3	3,4	1,2	2,4	1,3,4	1,2,3	1,3	1,2
O_4	2,4	1,4	2,3	2,3	3,4	1	2,4	1,4

表 6.11　8×4 规模问题各工件加工时间（分钟）

J_1	J_2	J_3	J_4
87,140	200,220,200	165,150	1 102.5,1 347.5,1 125
210,192.5	280,260	165,135,165	1 102.5,1 125,1 125
245,280,262.5	240,200	150,180	1 100,1 200
245,262.5	230,270	140,160	1 000,1 050
J_5	J_6	J_7	J_8
220,200	210,240	180,200	120
140,120	260,300	210,235,265	110,160
180,200,220	200,220,260	250,280	220,260
130,160	270	150,180	200,240

表 6.12　8×4 规模问题初始作业切换时间表（分钟）

工件\机器编号	M_1	M_2	M_3	M_4
J_1	220	90	80	45
J_2	120	85	60	85
J_3	235	75	65	127
J_4	167	129	109	68
J_5	216	143	123	145
J_6	134	110	95	187
J_7	146	225	88	122
J_8	221	219	75	157

表 6.13　8×4 规模问题 M_1 上任务的作业切换时间矩阵表（分钟）

工件	J_1	J_2	J_3	J_4	J_5	J_6	J_7	J_8
J_1	0	250	176	155	215	255	190	212
J_2	260	0	248	165	223	157	154	214
J_3	210	50	0	218	213	258	259	215
J_4	220	60	205	0	119	159	164	227
J_5	150	110	117	178	0	30	116	215
J_6	130	125	129	132	137	0	40	203
J_7	120	215	238	181	147	121	0	209
J_8	150	225	159	169	116	212	113	0

表 6.14　8×4 规模问题 M_2 上任务的作业切换时间矩阵表（分钟）

工件	J_1	J_2	$7J_3$	J_4	J_5	J_6	J_7	J_8
J_1	0	190	161	292	201	255	269	248
J_2	220	0	146	224	209	157	254	218
J_3	260	122	0	158	213	251	214	148
J_4	215	114	171	0	151	220	207	214
J_5	210	152	149	153	0	80	85	161
J_6	159	155	219	159	156	0	90	142
J_7	151	121	153	117	112	80	0	217
J_8	154	216	165	152	119	210	159	0

基于 QCSO 混合算法的最优作业切换柔性 Job-shop 调度研究

表 6.15 8×4 规模问题 M_3 上任务的作业切换时间矩阵表（分钟）

工件	J_1	J_2	J_3	J_4	J_5	J_6	J_7	J_8
J_1	0	235	231	285	294	240	200	90
J_2	260	0	162	159	221	100	200	60
J_3	290	193	0	202	219	150	150	150
J_4	228	213	152	0	55	118	159	208
J_5	173	159	158	75	0	106	148	158
J_6	119	156	159	206	149	0	157	204
J_7	138	184	215	233	258	126	0	106
J_8	176	217	208	259	239	137	125	0

表 6.16 8×4 规模问题 M_4 上任务的作业切换时间矩阵表（分钟）

工件	J_1	J_2	J_3	J_4	J_5	J_6	J_7	J_8
J_1	0	252	203	252	216	158	206	153
J_2	65	0	146	156	101	212	103	157
J_3	154	68	0	159	154	111	155	206
J_4	121	154	154	0	35	108	203	108
J_5	206	124	150	85	0	155	159	212
J_6	151	158	104	104	203	0	95	203
J_7	159	153	109	152	159	123	0	149
J_8	107	152	112	101	206	109	45	0

◎ 6.5.2 计算结果

本书运行的机器性能参数为 PC 上 CORE i3 M 380，CPU2.53GHz，内存为 6.00GB，运行软件为 Matlab R2010a。QCSO 算法相关运行参数为：种群规模为 $P=60$，终止代数为 $T=200$，动态旋转角为 $\Delta\theta=0.15\pi$、0.16π、0.2π，每个个体测试 20 次。SMP=15，MR 随着迭代次数增加而在[0.2,0.8]范围内随机变化。$c_1=2$，r_1 取[0,1]内随机数。QCSO 算法对比了并行遗传算法（Parallel Genetic

Algorithm，PGA），计算结果对比包含以下几方面内容：目标最小值（Min.sol），目标平均值（Avg.sol），目标最大值（Max.sol），运行搜索到最优解的次数，相对百分比偏差（Average Relative Percentage Error，RPE）和标准偏差（Standard Deviation，SD）。RPE 是指某一次测量值的绝对偏差占平均值的百分比，用来衡量单项测定结果对平均值的偏离程度。SD 是离均差平方和平均后的方根，是方差的算术平方根，能反映一个数据集的离散程度，用 σ 表示，σ 值越大，说明算法稳定性越差；σ 值越小，说明算法稳定性越好。RPE 和 SD 分别表示为：

$$\text{RPE} = \frac{C_{\max}^{\text{PGA}} - C_{\max}^{\text{QCSO}}}{C_{\max}^{\text{QCSO}}} \times 100 \qquad (6.26)$$

式中，$C_{\max}^{\text{PGA}}$ 和 $C_{\max}^{\text{QCSO}}$ 表示采用 PGA 和本章采用改进的 QCSO 运行的最小化总完工时间优化目标值。

$$\sigma = \sqrt{\frac{1}{N}\sum_{i=1}^{N}(x_i - \mu)^2} \qquad (6.27)$$

式中，x_i 为实数，μ 为 x_i 的算数平均值。

运行结果对比见表 6.17。

表 6.17　运行结果对比

问题规模	QCSO				
	Max.sol（分钟）	Min.sol（分钟）	Avg.sol（分钟）	SD	搜索到最优解的次数
2×4	1 359	1 359	1 359	0	20
4×4	4 773	4 744	4 761.4	10.58	18
6×4	4 924	4 764	4 796.45	20.57	16
8×4	5 118	4 853	4 941.2	62.48	16
10×4	5 590	5 234	5 444.3	91.81	15

基于 QCSO 混合算法的最优作业切换柔性 Job-shop 调度研究

续表

问题规模	PGA				
	Max.sol（分钟）	Min.sol（分钟）	Avg.sol（分钟）	SD	搜索到最优解的次数
2×4	1 359	1 359	1 359	0	20
4×4	4 773	4 744	4 771.55	6.48	10
6×4	4 854	4 764	4 784.35	25.93	14
8×4	5 184	4 826	4 962.8	116.03	12
10×4	5 954	5 164	5 607	192.51	8

不同规模问题分别采用 QCSO 和 PGA 算法运行 20 次，由表 6.17 可以看出，当问题规模较小时，两种算法的寻优能力差异不大，但随着问题规模的增大，QCSO 算法的寻优能力明显优于 PGA 算法，虽然最优解的平均值差值不大，但是 SD 对比明显。在 8×4 规模问题中，QCSO 算法得出的 $\sigma=62.48$，而 PGA 算法得出的 $\sigma=116.03$，两者差值为 53.55；而在 10×4 规模问题中，QCSO 算法得出的 $\sigma=91.81$，PGA 算法得出的 $\sigma=192.51$，两者差值为 100.7，说明了随着问题规模的增大，QCSO 算法比 PGA 算法的稳定性更好。运行 20 次的结果显示，随着问题规模增大，QCSO 算法搜索到最优解的次数高于 PGA 算法，如在 6×4 规模问题中，QCSO 算法搜索到最优解次数的比例为 80%，PGA 算法搜索到最优解次数的比例只有 70%；在 8×4 问题规模中，QCSO 算法搜索到最优解次数的比例为 80%，PGA 算法搜索到最优解次数的比例只有 60%；在 10×4 问题规模中，QCSO 算法搜索到最优解次数的比例为 75%，PGA 算法搜索到最优解次数的比例只有 40%，说明 QCSO 算法的稳定性更好。

不同规模问题运行结果的 PRE 值见表 6.18。

表 6.18　不同规模问题运行结果的 RPE 值

n	m	实验次数	RPE	n	m	实验次数	RPE	n	m	实验次数	RPE
6	4	1	−0.13	8	4	1	2.09	10	4	1	1.03
		2	0			2	0.35			2	−4.55
		3	0.69			3	−1.37			3	6.50
		4	−0.10			4	4.38			4	5.72
		5	0			5	−1.45			5	1.17
		6	2.64			6	1.39			6	2.52
		7	0.92			7	5.83			7	−3.08
		8	−1.45			8	3.62			8	2.78
		9	0.19			9	3.77			9	9.37
		10	1.55			10	1.94			10	−1.16
		11	0.02			11	5.67			11	5.51
		12	0.11			12	0.66			12	0.78
		13	−0.12			13	0.16			13	3.86
		14	−1.12			14	7.09			14	4.31
		15	−0.21			15	1.42			15	7.44
		16	3.27			16	−0.80			16	6.80
		17	−0.13			17	4.33			17	−0.71
		18	−1.02			18	0.37			18	2.46
		19	−0.10			19	1.45			19	0.82
		20	0.10			20	0.16			20	2.36
		平均值	0.26			平均值	2.05			平均值	2.70

表 6.18 分别计算出了 6×4 规模问题、8×4 规模问题和 10×4 规模问题运行 20 次的 RPE 值。三种问题规模计算的 RPE 平均值均为正数，说明 QCSO 算法明显优于 PGA 算法，QCSO 算法平均提高约 2%。但改进的 QCSO 算法引入的量子编码扩大了算法搜索的遍历性，而通过量子旋转角更新实现猫群位

基于 QCSO 混合算法的最优作业切换柔性 Job-shop 调度研究

置迭代更新,提高了算法的搜索效率和运行速度,并且将执行跟踪模式下猫的数量占整个猫群的比例值——MR 设置为[0.2,0.8],根据算法运行中迭代次数的变化,该值动态变化,提高了算法的寻优能力。

图 6.3 至图 6.5 分别为采用 QCSO 算法与 PGA 算法求解 6×4 规模问题、8×4 规模问题和 10×4 规模问题运行迭代 20 次的效果图,图中可以看出,QCSO 算法的收敛速度更好,稳定性较好,尤其是求解大规模数据问题时,稳定性更好。图 6.6 至图 6.8 分别为采用 QCSO 算法求解 6×4 规模问题和 8×4 规模问题和 10×4 规模问题最优解的甘特图。图中无法显示的数字代表了工件的工序。以图 6.8 为例,第二行第一个条上的"101"表示第 1 个工件的第 1 道工序在机器 3 上安排在第一位加工,每行进度条之间的空隙即为作业切换时间,其大小表示作业切换时间的长短。排在每台机器上第一位加工的工件工序前面的间隙表示该台机器上初始作业切换时间。

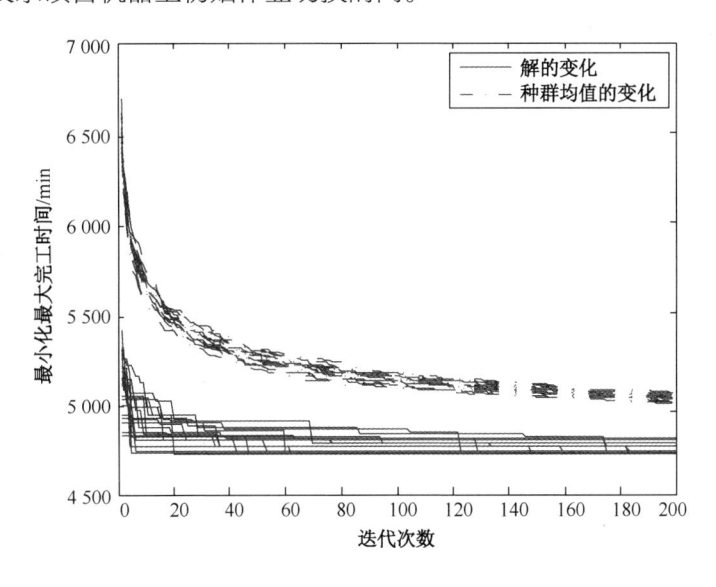

图 6.3 QCSO 与 PGA 求解 6×4 规模问题效果图

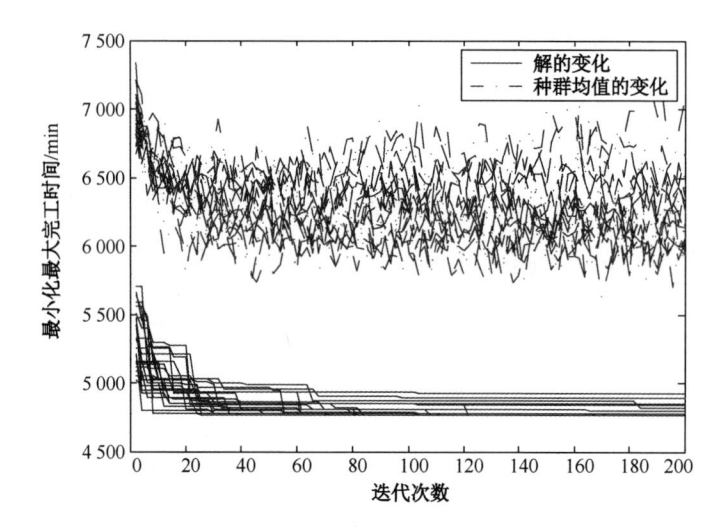

图 6.3　QCSO 与 PGA 求解 6×4 规模问题效果图（续）

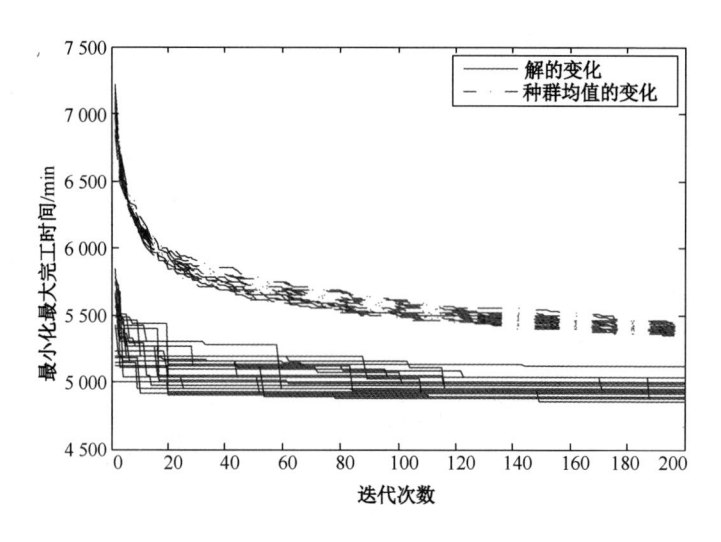

图 6.4　QCSO 与 PGA 求解 8×4 规模问题效果图

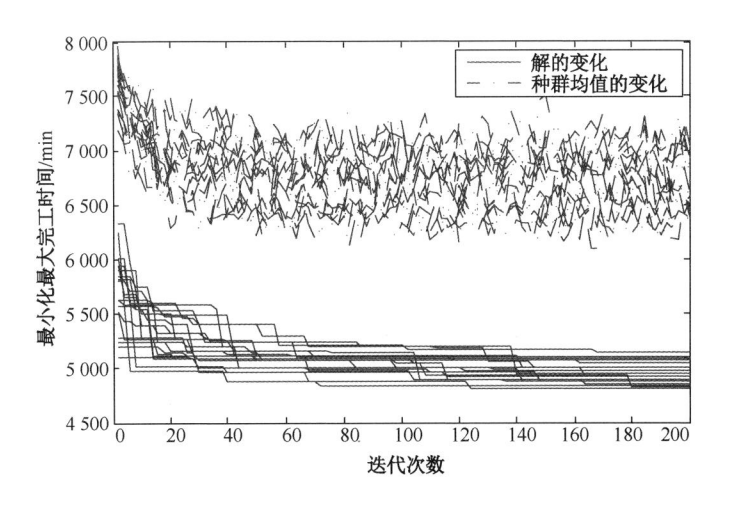

基于 QCSO 混合算法的最优作业切换柔性 Job-shop 调度研究

图 6.4　QCSO 与 PGA 求解 8×4 规模问题效果图（续）

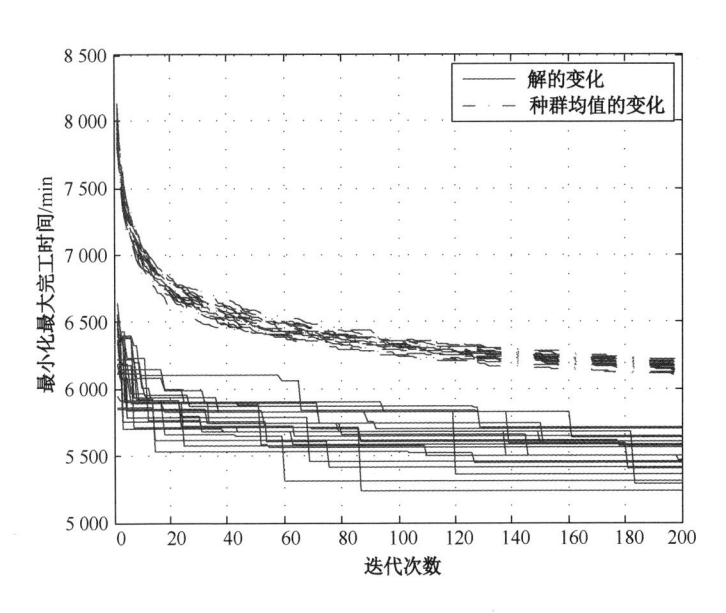

图 6.5　QCSO 与 PGA 求解 10×4 规模问题效果图

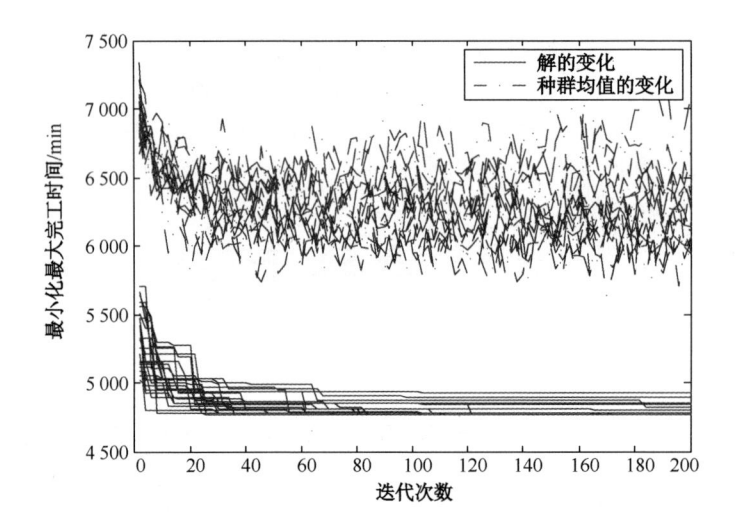

图 6.5　QCSO 与 PGA 求解 10×4 规模问题效果图

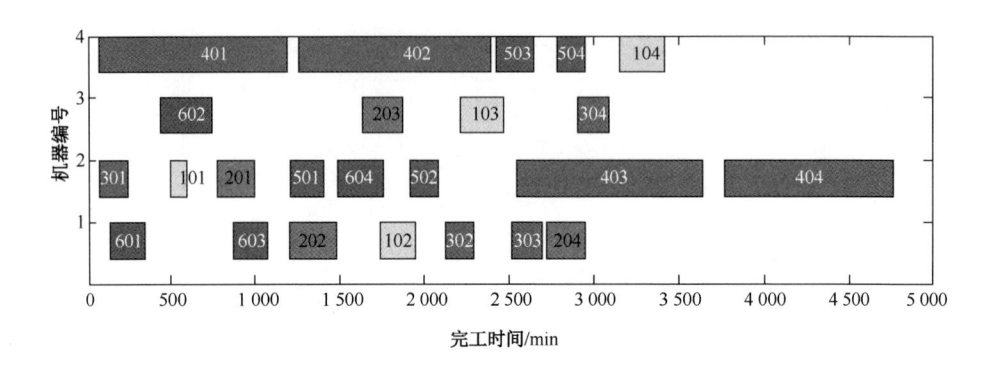

图 6.6　采用改进量子猫群算法的 6×4 规模问题最优解的甘特图

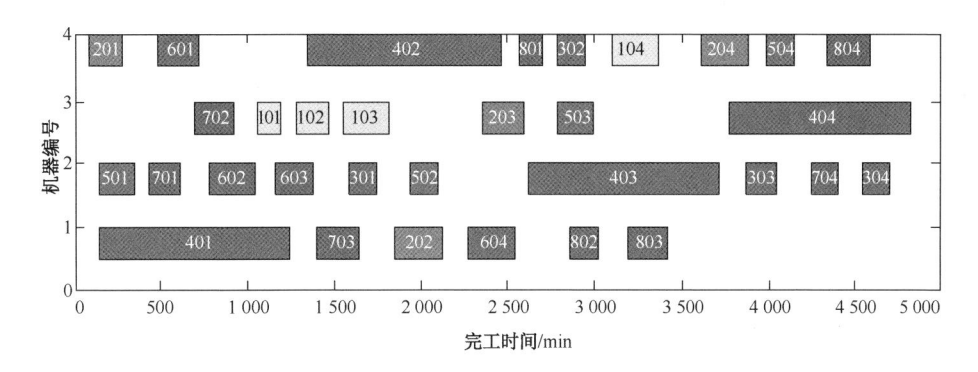

基于 QCSO 混合算法的最优作业切换柔性 Job-shop 调度研究

图 6.7 采用改进量子猫群算法的 8×4 规模问题最优解的甘特图

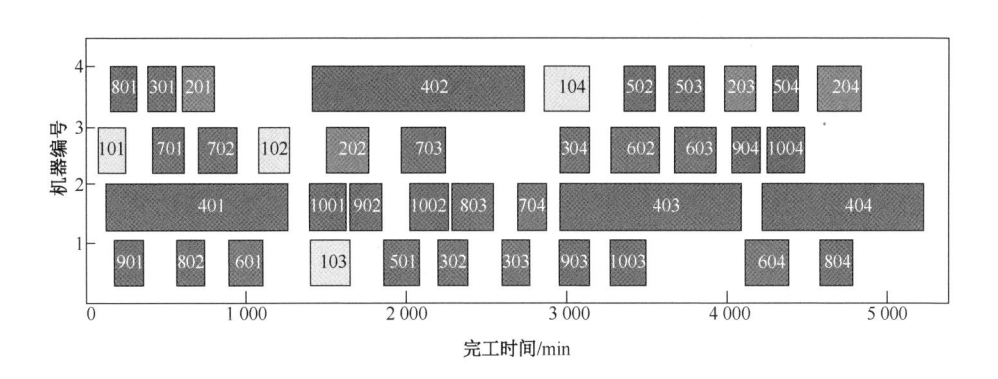

图 6.8 采用改进量子猫群算法的 10×4 规模问题最优解的甘特图

6.6 实证研究

通过对某航空紧固件企业的产品加工过程进行跟踪，采集了 6 种螺钉的 3 个工序在 7 台柔性机床上的加工数据，6 种工件的批量分别为 3 000 件、400 件、1 000 件、2 300 件、1 400 件和 300 件。3 个工序分别为镦制工序、数车工序和滚丝工序。各工序可选择的柔性机器见表 6.19。镦制工序的加工机器编号为 1 和 2，数车工序的加工机器编号为 3、4 和 5，滚丝工序的加工机器编号为 6 和 7。3 个工序的加工机器共计 7 台，各工序的加工机器为不相关并行机，即同一工件在不同机器上的加工时间和作业切换时间不同，该问题可以表示为 6×7 规模问题，同一工序不同机器上的加工时间见表 6.20。这 6 种工件的主要加工特征见表 6.21。

表 6.19　6×7 规模问题各工序可选机器表

工件及工序	J_1	J_2	J_3	J_4	J_5	J_6
镦制工序(O_1)	1,2	1,2	1,2	1,2	1,2	1,2
精车工序(O_2)	3,4	3,5	4,5	3,4,5	3,4	3,4,5
滚丝工序(O_3)	6,7	7	6,7	7	6,7	6,7

表 6.20　6×7 规模问题各工件的工序在不同机器上的加工时间（分钟）

工件及工序	J_1	J_2	J_3	J_4	J_5	J_6
镦制工序(O_1)	78,100	6,10	25,32	36.8,43.5	23.8,31.5	9,15
精车工序(O_2)	830,780	32,45	185,220	300,345,340	198,224	65,84,90
滚丝工序(O_3)	342,320	32	86,93	184	117.6,123	34.5,37

基于QCSO混合算法的最优作业切换柔性Job-shop调度研究

表6.21 6种工件的主要加工特征

零件名称及编号	直径(cm)	长度(cm)	批量(件)	加工工序 镦制	加工工序 数车	加工工序 滚丝	公差等级 数车	公差等级 滚丝
沉头螺钉(J_1)	M1.5	6	3 000	热镦	车端面	滚丝	IT7	1级
平头铆钉(J_2)	M2.5	8	400	热镦	车光杆	滚丝	IT9	2级
平圆头铆钉(J_3)	M6	7	1 000	热镦	车端面	滚丝	IT8	2级
螺栓(J_4)	M10	6	2 300	热镦	车光杆	滚丝	IT10	3级
螺钉(J_5)	M8	5.5	1 400	热镦	车光杆	滚丝	IT8	2级
螺柱(J_6)	M5	12	300	热镦	车光杆	滚丝	IT10	3级

本章根据各工序上工件的主要加工特征对各机器上加工任务进行成组，结果如下，M_1：$\{J_{11}, J_{61}, J_{41}\}$，$\{J_{21}, J_{51}, J_{31}\}$；$M_2$：$\{J_{11}, J_{31}\}$，$\{J_{21}, J_{51}\}$，$\{J_{41}, J_{61}\}$；$M_3$：$\{J_{52}, J_{42}\}$，$\{J_{22}, J_{12}, J_{62}\}$；$M_4$：$\{J_{32}, J_{52}\}$，$\{J_{62}, J_{42}\}$，$\{J_{12}\}$；$M_5$：$\{J_{22}, J_{62}\}$，$\{J_{32}, J_{42}\}$；$M_6$：$\{J_{33}, J_{63}\}$，$\{J_{13}, J_{53}\}$；$M_7$：$\{J_{13}, J_{23}, J_{63}\}$，$\{J_{33}, J_{43}\}$，$\{J_{53}\}$。该企业实际生产计划制订时不考虑工件的加工要求差别及不同排序产生的不同作业切换时间，只是根据经验设定镦制工序的作业切换时间为150分钟，数车工序的基本作业切换时间为90分钟，并且考虑了批量系数（见表2.4和表2.5），因此作业切换时间=90×批量系数（分钟）。滚丝工序的作业切换时间为60分钟。本章考虑了柔性作业车间特点，采用基于加工资源相似性的成组技术研究了排序依赖作业切换时间的优化调度方案，对比了该企业目前常用的调度方案。

目前该企业采用两阶段的调度方案，第一阶段是选择加工机器，第二阶段是同一台机器上的任务调度排序。选择机器主要根据机器上任务完成情况随机分配加工任务，同一台机器上的调度主要根据LPT（Long Process Time）

的调度规则和小批量任务优先规则排序。每种工件各工序的加工机器分配如下，J_1：$M_1 \rightarrow M_4 \rightarrow M_6$；$J_2$：$M_2 \rightarrow M_3 \rightarrow M_7$；$J_3$：$M_2 \rightarrow M_5 \rightarrow M_7$；$J_4$：$M_1 \rightarrow M_3 \rightarrow M_7$；$J_5$：$M_1 \rightarrow M_3 \rightarrow M_7$；$J_6$：$M_2 \rightarrow M_5 \rightarrow M_7$。每台机器上加工任务的调度排序如下，$M_1$：$J_{11} \rightarrow J_{51} \rightarrow J_{41}$；$M_2$：$J_{21} \rightarrow J_{61} \rightarrow J_{31}$；$M_3$：$J_{22} \rightarrow J_{52} \rightarrow J_{42}$；$M_4$：$J_{12}$；$M_5$：$J_{62} \rightarrow J_{32}$；$M_6$：$J_{13}$；$M_7$：$J_{23} \rightarrow J_{63} \rightarrow J_{53} \rightarrow J_{33} \rightarrow J_{43}$。根据企业设定的各工序固定的作业切换时间和表 6.20 给出的加工时间，可以计算出企业目前调度排序的最大完工时间为 1 802 分钟，设备利用率为 35.47%。采用基于加工资源相似性的成组技术及 QCSO 混合算法对该实例进行求解，运行结果如下，J_1：$M_1 \rightarrow M_4 \rightarrow M_6$；$J_2$：$M_2 \rightarrow M_5 \rightarrow M_7$；$J_3$：$M_2 \rightarrow M_5 \rightarrow M_7$；$J_4$：$M_1 \rightarrow M_3 \rightarrow M_7$；$J_5$：$M_2 \rightarrow M_3 \rightarrow M_6$；$J_6$：$M_1 \rightarrow M_5 \rightarrow M_7$。每台机器上加工任务的调度排序如下，$M_1$：$J_{61} \rightarrow J_{11} \rightarrow J_{41}$；$M_2$：$J_{51} \rightarrow J_{21} \rightarrow J_{31}$；$M_3$：$J_{52} \rightarrow J_{42}$；$M_4$：$J_{12}$；$M_5$：$J_{62} \rightarrow J_{22} \rightarrow J_{32}$；$M_6$：$J_{53} \rightarrow J_{13}$；$M_7$：$J_{63} \rightarrow J_{23} \rightarrow J_{33} \rightarrow J_{43}$。企业实施该调度排序的最大完工时间为 1 188 分钟，设备利用率为 67.02%。本书提出的调度方案使最大完工时间缩短了 34.18%，设备利用率提高了 31.55%。该调度排序产生的初始作业切换时间见表 6.22。

表 6.22 6×7 规模问题在各机器上的初始作业切换时间表（分钟）

机　器	M_1	M_2	M_3	M_4	M_5	M_6	M_7
工　序	J_{61}	J_{51}	J_{52}	J_{12}	J_{62}	J_{53}	J_{63}
初始作业切换时间	120	95	45	60	71	28	40

该调度排序下，各台机器上产生的作业切换分别为：M_1 上作业切换时间为 S_{61}=110min，S_{14}=115 min，M_2 上作业切换时间分别为 S_{52}=90min，S_{23}=130min，

基于 QCSO 混合算法的最优作业切换柔性 Job-shop 调度研究

M_3 上作业切换时间分别为 S_{54}=65min，M_5 上作业切换时间分别为 S_{62}=35min，S_{23}=45min，M_6 上作业切换时间分别为 S_{51}=45min，M_7 上作业切换时间分别为 S_{62}=12min，S_{23}=40min，S_{34}=25min。S_{ij} 表示从工件 i 切换到工件 j 的作业切换时间，该调度排序下初始作业切换时间及各机器上产生的作业切换时间合计 1 171 分钟，根据企业实际设定的 3 个工序固定的作业切换时间进行计算，6 种工件 3 个工序的作业切换时间合计 1 890 分钟。本章采用的调度方案产生的作业切换时间比企业设定的作业切换时间减少了 38.04%，明显地缩短了完工时间，提高了生产效率。这证明基于加工资源相似度的零件成组调度方法对于提高设备利用率和生产效率具有明显的优势。然而,67.02%的设备利用率仍然不高，主要是因为单件小批量、多品种的生产模式导致了频繁的作业切换和较长的作业切换时间，降低了设备利用率。因此，将成组技术应用于生产调度中，可以将单件小批量成组为中大批量进行加工，这样才能够有效地缩短完工时间和提高设备利用率。

6.7 本章小结

为了提高生产效率，降低成本，C2M 生产模式增加了作业车间的柔性生产工作量，同一工件的工序可以在多台机器上加工，同一工序在不同机器上有不同的加工时间和作业切换时间。同一台机器上不同的作业排序产生不同的作业切换时间，由于单件小批量产品的重复率极低，导致无法获得不同加工排序的作业切换时间，为了缩短作业切换时间和提高设备等资源利用率，本章研究了基于成组技术的作业车间调度优化方案，首先，根据工件所需加工资源的相似度进行工件聚类成组，其次，根据机器负荷和加工时间选择加工机器，最后，根据作业切换时间和加工时间进行机器上加工任务排序，以最小化总完工时间为优化目标。将量子比特与猫群算法结合起来，提出改进的 QCSO 算法进行问题求解。引入了量子编码，其优点是扩展了算法搜索的遍历性，通过量子旋转角的更新完成猫群位置迭代更新，提高了算法的运行效率和速度，采用[0.2,0.8]范围内的动态 MR 值，根据算法迭代次数的变化，该值随机变化。最后通过仿真实验对比了改进的 QCSO 算法和 PGA 算法的运行结果，分别对比了目标函数值的最小值、平均值和最大值，也对比了相对百分比偏差和标准偏差。结果显示，改进的 QCSO 算法具有较好的寻优结果，算法的稳健性较好，证实了所采用方法的可行性和有效性。

基于 QCSO 混合算法的最优作业切换柔性 Job-shop 调度研究

最后进行了实证研究，采集了某航空紧固件企业 6 种工件的镦制工序、数车工序和滚丝工序的相关加工数据验证了柔性作业车间的调度问题。采用了基于加工资源相似性的成组技术，通过 QCSO 混合算法进行实例验证，证明了本章提出的方法能够有效地提高设备利用率和生产效率。另外，本章提出的调度方案也适用于其他多品种、跨批量生产模式的制造企业。

7 总结与展望

7 总结与展望

7.1 本书总结

通过对多家多品种、单件小批量生产企业车间实地调研中发现，C2M 的生产模式产生了频繁的作业切换和较长的作业切换时间，而传统的车间调度方案对缩短作业切换时间和多品种工件成组加工考虑较少，既影响了设备利用率，也影响了生产计划的制订与执行控制，导致产品的交付率较低，交付率只有 40%～60%。因此，本书研究了基于成组技术的最优作业切换车间调度问题，在实地调研的基础上，运用运筹学、成组技术、相似性理论、问题建模和仿真分析等方法，对 Job-shop 最优作业切换的成组调度模型及关键技术展开了研究，具体研究结论如下。

（1）提出了基于加工资源的零件聚类成组遗传算法。数控车间加工资源主要包括机器、工装、装夹方式、加工精度、数控程序和员工知识水平等。首先，对加工零件所需资源进行分类，不同类别资源再划分子类，采用 0-1 整数编码表示加工是否需要该项资源。其次，根据加工资源对于作业切换时间长短的不同影响，确定核心加工资源和一般加工资源的权重。采用 Jaccard 系数计算零件间"相似度"，应用成组遗传算法确定零件的分类成组。案例研究对比了成组遗传算法和系统聚类极小值法、K-means 聚类方法，结果证明了提出方法的有效性。

（2）构建基于成组技术的排序依赖作业切换时间的单机调度模型。提出了基于 EDD-SDST-ACO 启发式规则的单机成组调度方法，以最小化总拖延时间为优化目标。采用田口设计方法的信噪比（SNR）进行算法参数优化，通过案例研究对比了 EDD-SDST-ACO 算法与 ACO 算法、GA 算法的优化目标的最大值、最小值和平均值，以及搜索最优解的次数。加工工件规模分别为 10、20 和 30 时，EDD-SDST-ACO 算法比 ACO 算法优化目标平均值分别提高了 4.9%、7.2%和 4.5%。EDD-SDST-ACO 算法比 GA 算法优化目标平均值分别提高 3.8%、7.4%和 2.7%。运行结果证明，采用 EDD-SDST-ACO 启发式规则能够更好地获得最优解，证明算法规则的有效性和可行性。

（3）建立了基于成组技术的排序依赖作业切换时间的不相关并行机调度模型。考虑机器新旧、规格和型号的差异导致的每台机器上的加工速度因子不同，安排在不同机器上的工件加工时间和作业切换时间不同，作业切换时间只考虑不同工件组之间的切换，同一工件组内工件的作业切换时间可视为 0。不仅研究所有工件在各机器上的分配，而且研究同一台机器上各工件的排列顺序，不同组工件排列顺序不同，作业切换时间不同，总拖延时间也不同。通过建立该问题的数学规划模型 $R_m/s_{ijm}/\sum T_i$，以最小化总拖延时间为优化目标。深入研究了 GATS 算法关键技术，应用 GATS 算法进行目标优化，采用田口设计方法的信噪比（SNR）对算法参数进行优化，针对不同规模问题案例分别采用 ABC 算法和 GASA 算法分析，运行结果显示 GATS 算法比 ABC 算法优化目标平均值提高了 11.9%，GATS 算法比 GASA 算法优化目标平均值提高了 8.56%。证明 GATS 算法能够获得较好的可行解。

总结与展望 7

（4）研究了基于成组技术的最优作业切换时间的柔性 Job-shop 调度问题。同一工件的工序可以在多台机器上加工，相同任务在不同的机器上的加工时间和作业切换时间不同。同一台机器上不同的作业排序产生不同的作业切换时间。首先，根据工件加工所需加工资源的相似性进行工件成组，其次，根据机器负荷和加工时间选择加工机器，最后，根据作业切换时间和加工时间进行机器上加工任务排序，以最小化总完工时间为优化目标。将量子比特与猫群算法结合起来，提出改进的 QCSO 算法进行问题求解。引入了量子编码，其优点是扩展了算法搜索的遍历性，通过量子旋转门转角的更新完成猫群位置迭代更新，提高了算法的运行效率和速度，采用[0.2,0.8]范围内的动态 MR 值，根据算法迭代次数的变化，该值随机变化，最后通过仿真实验对比了改进的 QCSO 算法和 PGA 算法的运行结果，结果证实了本章采用方法的可行性和有效性。

7.2 研究展望

以 C2M 生产模式的离散制造企业为背景，主要针对生产过程中频繁的作业切换问题，提出了基于成组技术的最优作业切换车间调度问题，并展开了研究。主要研究内容包括零件分类成组，分别构建了基于成组技术的最优作业切换单机调度模型、不相关并行机调度模型和柔性 Job-shop 调度模型，并对构建的模型进行了初步论证。然而由于时间、人力、成本及相关科研条件的限制，本书的研究仍然存在一些不足之处，有待后续研究进一步深化和完善，具体包括以下内容。

（1）在企业车间实地调研中发现，C2M 生产模式由于客户对产品材料的少量、多样化需求，导致生产加工中经常出现因缺少物料引发的生产停顿，另外，机器随机故障维修导致的生产停顿，以及瓶颈工序和瓶颈机器的情况，这些对产品生产周期和生产计划控制与执行都会产生不良影响，因此，在优化作业切换的车间调度后续研究中需要进一步考虑机器故障预测和维修、瓶颈工序和瓶颈机器及物料补给等更多扰动因素。

（2）本书虽提出了基于工件所需加工资源的相似性进行工件聚类成组的方法，但是在实际应用中还需要根据产品的实际加工特征，对聚类指标进行细化，深入挖掘影响作业切换时间的各个要素，以便于更好地缩短作业切换时间。

（3）为了更好地实现绿色制造，在研究车间调度的优化决策时，应进一步考虑车间的能量消耗影响，可以有效地减少资源浪费，提高生产效率，降低生产成本。

参 考 文 献

[1] Jon K. Wilbrecht, William B. Prescott. The influence of setup time on job shop performance[J]. Management Science, 1969, 16(4): 274-280.

[2] S. S. Panwalkar, R. A. Dudek, M. L. Smith. Sequencing research and the industrial scheduling problem. 1973.

[3] Ali Allahverdi, Jatinder N. D. Gupta, Tariq Aldowaisan. A review of scheduling research involving setup considerations[J]. Omega, 1999, 27(2): 219-239.

[4] 吕冬梅. 制造业车间生产节拍平衡与物流优化研究[D]. 合肥：合肥工业大学，2006.

[5] Jing Bai, Zhi-Rong Li, Xue Huang. Single-machine group scheduling with general deterioration and learning effects[J]. Applied Mathematical Modelling, 2012, 36(3): 1267-1274.

[6] Yuan-Yuan Lu, Jian-Jun Wang, Ji-Bo Wang. Single machine group scheduling with decreasing time-dependent processing times subject to release dates[J]. Applied Mathematics and Computation, 2014, 234: 286-292.

[7] Ji-Bo Wang, Jian-Jun Wang. Single machine group scheduling with time dependent processing times and ready times[J]. Information Sciences, 2014, 275: 226-231.

[8] Christos Koulamas, George J. Kyparisis. Single-machine scheduling problems with past-sequence-dependent setup times[J]. European Journal of Operational Research, 2008, 187(3): 1045-1049.

[9] Suh-Jenq Yang, Dar-Li Yang. Single-machine group scheduling problems under the effects of deterioration and learning[J]. Computers & Industrial Engineering, 2010, 58(4): 754-758.

[10] Suh-Jenq Yang, Dar-Li Yang, Teng-Ruey Chang. Single-machine scheduling with joint deterioration and learning effects under group technology and group availability assumptions[J]. Journal of the Chinese Institute of Industrial Engineers, 2011, 28(8): 597-605.

[11] Na Yin, Liying Kang, Xiao-yuan Wang. Single-machine group scheduling with processing times dependent on position, starting time and allotted resource[J]. Applied Mathematical Modelling, 2014, 38(19–20): 4602-4613.

[12] Ik-Soon Kwak, In-Jae Jeong. A hierarchical approach for the capacitated lot-sizing and scheduling problem with a special structure of sequence-dependent setups[J]. International Journal of Production Research, 2011, 49(24): 7425-7439.

[13] 罗志清，王润孝，雷建，等．机械制造辅助加工时间定额研究[J]．机床与液压，2004（12）：62-64．

[14] 于晓宏，张振明，田锡天，等．基于模特法的机械加工工序辅助时间计算方法[J]．机械与电子，2009（04）：68-70．

[15] 顾新建，陈芨熙，纪杨建，等．云制造中的成组技术[J]．成组技术与生产现代化，2010（03）：1-4．

[16] Paulo M. França, Michel Gendreau, Gilbert Laporte, et al. A tabu search heuristic for the multiprocessor scheduling problem with sequence dependent setup times[J]. International Journal of Production Economics, 1996, 43(2):

79-89.

[17] Maria Battarra And Chris Anand Subramanian. An Iterated Local Search heuristic for the single machine total weighted tardiness scheduling problem with sequence-dependent setup times[J]. 2014

[18] Shih-Hsin Chen, Min-Chih Chen, Yeong-Cheng Liou. Artificial chromosomes with genetic algorithm 2 (ACGA2) for single machine scheduling problems with sequence-dependent setup times[J]. Applied Soft Computing, 2014, 17: 167-175.

[19] B. Naderi, M. Zandieh, A. Khaleghi Ghoshe Balagh, et al. An improved simulated annealing for hybrid flowshops with sequence-dependent setup and transportation times to Min imize total completion time and total tardiness[J]. Expert Systems with Applications, 2009, 36(6): 9625-9633.

[20] Shabtay D, Itskovich Y. Optimal due date assignment and resource allocation in a group technology scheduling environment[J]. Computers and Operations Research, 2010, 37: 2218-2228.

[21] Lu Yuan-Yuan, Wang Jian-Jun, Wang Ji-Bo. Single machine group scheduling with decreasing time-dependent processing times subject to release dates[J]. pplied Mathematics and Computation, 2014, 234: 286-292.

[22] Min Ji, Xin Zhang, Xiaoying Tang, et al. Group scheduling with group-dependent multiple due windows assignment[J]. International Journal of Production Research, 2016, 54(4): 1244-1256.

[23] 姜锐，陈亚绒，管在林，等．单机成组调度问题的约束满足建模与求解方法[J]．中国机械工程，2013（12）：1642-1649．

[24] 聂黎，高亮，胡译丹．基于前序基因表达式编程的单机成组调度算法[J]．计算机集成制造系统，2007（11）：2261-2268+2275．

[25] 王桂娜，俞秉昊．成组生产条件下考虑学习和遗忘效应及设备维护的调

度策略[J]. 上海交通大学学报, 2013, 47（5）: 723-727.

[26] 闫杨, 赵传立. 安装时间受资源约束的单机成组调度问题[J]. 电机与控制学报, 2007（01）: 70-73+78.

[27] 邹律龙, 谭光宇, 侯东亮. 基于改进遗传算法的单机成组作业调度[J]. 计算机仿真, 2010（04）: 308-312.

[28] 贺宁, 伍乃骐. 具有恶化效应和释放时间约束的单机成组调度问题研究[J]. 价值工程, 2016（16）: 76-78.

[29] 闫杨, 王大志, 汪定伟, 等. 一类资源约束的单机成组调度问题[J]. 控制理论与应用, 2008, 25（5）: 901-904.

[30] 衣杨, 汪定伟. 并行多机成组工件调度的禁忌搜索方法[J]. 系统工程, 2000（06）: 11-17.

[31] 常俊林, 郭西进, 马小平. 并行机成组调度问题的启发式算法[J]. 计算机工程与应用, 2007（04）: 234-236+239.

[32] Goodhead T. Abraham, Anne James, Norlaily Yaacob. Group-based Parallel Multi-scheduler for Grid computing[J]. Future Generation Computer Systems, 2015, 50: 140-153.

[33] 张维存, 康凯. 一种应用于柔性作业车间成组调度问题的分级优化算法[J]. 计算机应用与软件, 2012（05）: 135-138.

[34] 王英玲, 陈再良. 基于成组技术的生产调度研究[J]. 苏州大学学报（工科版）, 2011（04）: 42-47.

[35] 孔继利, 苑春荟, 杨福兴, 等. 调整时间与搬运时间可分离的多目标流水车间成组调度[J]. 计算机集成制造系统, 2015（10）: 2694-2703.

[36] 郑永前, 谢松杭, 钱伟俊. 带缓冲流水车间成组调度问题的混合微分算法[J]. 计算机集成制造系统, 2014（08）: 1941-1947.

[37] 程贞敏, 谷云东, 徐德华. Flow Shop成组排序问题的调度算法设计及其界的估计[J]. 北京师范大学学报（自然科学版）, 2007, 43（1）: 16-19.

[38] Taha Keshavarz, Nasser Salmasi, Mohsen Varmazyar. Minimizing total completion time in the flexible flowshop sequence-dependent group scheduling problem[J]. Annals of Operations Research, 2015, 226(1): 351-377.

[39] Hanzhang Qin, Zhi-Hai Zhang, Danyu Bai. Permutation flowshop group scheduling with position-based learning effect[J]. Computers & Industrial Engineering, 2016, 92: 1-15.

[40] Ebrahimi M, Karimi B. Hybrid flow shop scheduling with sequence dependent family setup time and uncertain due dates[J]. Applied Mathematical Modelling, 2014, 38(9): 2490-2504.

[41] 李霄峰，史金飞，阎威武. 一种基于逆向仿真技术的HFS成组调度方法[J]. 制造技术与机床，2008，1：101-103.

[42] 陈亚绒，管在林，彭运芳，等. 面向大规模定制的瓶颈成组调度启发式方法研究[J]. 中国机械工程，2010（08）：957-962.

[43] 樊欣洋. 基于成组技术的订单式JobShop调度方法研究[D]. 沈阳：沈阳工业大学，2016.

[44] 宋博文. 基于成组技术订单式作业车间调度方法研究[D]. 沈阳：沈阳工业大学，2015.

读者调查表

尊敬的读者：

　　自电子工业出版社工业技术分社开展读者调查活动以来，收到来自全国各地众多读者的积极反馈，他们除了褒奖我们所出版图书的优点，也很客观地指出需要改进的地方。读者对我们工作的支持与关爱，将促进我们为您提供更优秀的图书。您可以填写下表寄给我们（北京市丰台区金家村 288#华信大厦电子工业出版社工业技术分社　邮编：100036），也可以给我们电话，反馈您的建议。我们将从中评出热心读者若干名，赠送我们出版的图书。谢谢您对我们工作的支持！

姓名：_____　　　性别：□男　□女　　年龄：_____　　职业：_____

电话（手机）：_____　　E-mail：_____

传真：_____　　通信地址：_____　　邮编：_____

1. 影响您购买同类图书因素（可多选）：
□封面封底　　□价格　　□内容提要、前言和目录　　□书评广告　　□出版社名声
□作者名声　　□正文内容　　□其他_____

2. 您对本图书的满意度：

从技术角度　　　　　　□很满意　　□比较满意　　□一般　　□较不满意　　□不满意
从文字角度　　　　　　□很满意　　□比较满意　　□一般　　□较不满意　　□不满意
从排版、封面设计角度　□很满意　　□比较满意　　□一般　　□较不满意　　□不满意

3. 您选购了我们哪些图书？主要用途？_____

4. 您最喜欢我们出版的哪本图书？请说明理由。
_____

5. 目前教学您使用的是哪本教材？（请说明书名、作者、出版年、定价、出版社），有何优缺点？
_____

6. 您的相关专业领域中所涉及的新专业、新技术包括：
_____

7. 您感兴趣或希望增加的图书选题有：
_____

8. 您所教课程主要参考书？请说明书名、作者、出版年、定价、出版社。
_____

邮寄地址：北京市丰台区金家村 288#华信大厦电子工业出版社工业技术分社
邮编：100036　　电话：18614084788　　E-mail：lzhmails@phei.com.cn　　微信 ID：lzhairs
联系人：刘志红

电子工业出版社编著书籍推荐表

姓名		性别		出生年月		职称/职务	
单位							
专业				E-mail			
通信地址							
联系电话				研究方向及教学科目			
个人简历（毕业院校、专业、从事过的以及正在从事的项目、发表过的论文）							
您近期的写作计划：							
您推荐的国外原版图书：							
您认为目前市场上最缺乏的图书及类型：							

邮寄地址：北京市丰台区金家村288#华信大厦电子工业出版社工业技术分社
邮编：100036　电话：18614084788　E-mail：lzhmails@phei.com.cn　微信 ID：lzhairs
联系人：刘志红

反侵权盗版声明

电子工业出版社依法对本作品享有专有出版权。任何未经权利人书面许可，复制、销售或通过信息网络传播本作品的行为；歪曲、篡改、剽窃本作品的行为，均违反《中华人民共和国著作权法》，其行为人应承担相应的民事责任和行政责任，构成犯罪的，将被依法追究刑事责任。

为了维护市场秩序，保护权利人的合法权益，我社将依法查处和打击侵权盗版的单位和个人。欢迎社会各界人士积极举报侵权盗版行为，本社将奖励举报有功人员，并保证举报人的信息不被泄露。

举报电话：（010）88254396；（010）88258888

传　　真：（010）88254397

E-mail：　dbqq@phei.com.cn

通信地址：北京市万寿路 173 信箱

　　　　　电子工业出版社总编办公室

邮　　编：100036